LÖWENZAHN und Hagebutte

Bettina Igelbrink

DURCH DAS JAHR MIT 12 WILDPFLANZEN

Aktionen, Geschichten und Rezepte
für Kinder von 4 bis 10

Verlag an der Ruhr

IMPRESSUM

Titel
Löwenzahn und Hagebutte – Durch das Jahr mit zwölf Wildpflanzen
Aktionen, Geschichten und Rezepte für Kinder von 4 bis 10 Jahren

Autorin
Bettina Igelbrink

Umschlagmotive
Mädchen © Anna Kraynova, Hagebutte © Tanya Tatiana, Wiesenblumen © Annet Kuzmina – alle Shutterstock.com, Fotos Rückseite: Bettina Igelbrink

Fotos
Bettina Igelbrink, wenn nicht anders angegeben

Rahmenlayout-Elemente
Wiesenblumen © Annet Kuzmina, Hagebutte © Tanya Tatiana, Mädchen © Anna Kraynova – alle Shutterstock.com; Icons, Hexe, Klebestreifen und Zettel: Q. Gute Grafik, Köln

Satz und Layout
Q. Gute Grafik, Köln

Druck
Athesia Druck GmbH, Bozen, IT

Geeignet für Kinder von 4–10 Jahren

Anmerkung
Die Inhalte im Buch sind von der Autorin mit großer Sorgfalt erarbeitet und ausgewählt worden, stellen jedoch keine therapeutischen oder medizinischen Maßnahmen dar. Nehmen Sie dennoch eine genaue Prüfung entsprechend Ihrer Situation vor und wägen verantwortungsvoll ab, welche Pflanzen Sie pflücken und was Sie zubereiten oder verabreichen. Wenn Unsicherheiten oder bereits bestehende Erkrankungen/Allergien vorliegen, klären Sie dies bitte direkt vorher mit den Eltern ab. Die Autorin und der Verlag übernehmen weder für die Aktualität, Korrektheit und Vollständigkeit der bereitgestellten Inhalte eine Gewähr noch dafür, dass diese für Ihren individuellen Einzelfall geeignet und ausreichend sind. Alle Inhalte dienen ausschließlich der Information, ebenso wie deren Umsetzung ausschließlich in eigener Verantwortung des Anwenders bzw. der Anwenderin erfolgt.

ISBN 978-3-8346-4520-3

INHALT

Ein Wort, bevor es losgeht

Hallo,
ich heiße Tina und bin eine Kräuterhexe. Und Erzieherin. Das ist eine sehr spannende Kombination!

Mit diesem Buch möchte ich Sie einladen, mit den Kindern ein Jahr lang auf Wildkräutersuche zu gehen. Jeden Monat lernen Sie zusammen mit den Kindern eine neue Pflanze kennen, die Sie dann während der gesamten Sammelzeit ernten und verwenden können.

Die vorgestellte Pflanze sollte in diesem Monat in der Natur zu finden sein. Viele Kräuter kann man fast das ganze Jahr über sammeln. Bei anderen kann man bestimmte Teile nur zu einer bestimmten Zeit sammeln, z. B. die Holunderblüten. Damit Sie einen Überblick bekommen, wann man welches Kraut oder welchen Teil eines Krauts sammeln kann, habe ich Ihnen am Ende des Buches einen **Sammelkalender** zusammengestellt. Die Natur lässt sich aber nicht festlegen und so kann es sein, dass die Pflanze etwas später oder schon früher zu finden ist. Das ist zum einen abhängig von der Witterung, also den Temperaturen und den Lichtverhältnissen, und zum anderen von dem Ort, an dem Ihre Einrichtung sich befindet.

Ob Sie im Elementarbereich arbeiten, als Lehrer*in, als Jugendgruppenleiter*in, Ehrenamtliche*r in einer Natur-AG, mit Ihren eigenen Kindern einen Spaziergang machen oder freiberuflich in der Natur- und Erlebnispädagogik zu Hause sind: Aus den verschiedenen Wildkräutern in Ihrer direkten Umgebung können Sie mit den Kindern **viele wunderbare Dinge** erschaffen, nicht nur Salate und Tees, sondern auch Salben, Kekse, Brotaufstriche oder wunderbare Geschenke. Lassen Sie sich überraschen!

Gerade heute ist es wichtig, die **Bildung für nachhaltige Entwicklung (BNE)** in den Fokus zu nehmen. Dies soll den Menschen ermöglichen, zukunftsfähig zu denken und zu handeln. Konkret heißt das, dass jede*r die Auswirkungen des eigenen Handelns auf die Welt versteht und so verantwortungsvolle, nachhaltige Entscheidungen treffen kann. Für das Arbeiten mit Kindern ist es sinnvoll, direkt vor ihrer Haustür zu beginnen und sie in ihrer Lebensumwelt dort abzuholen, wo sie stehen. Wenn Kinder die Vielfalt der Pflanzen zu ihren Füßen mit allen Sinnen erleben, können sie ihre Erfahrungen Stück für Stück erweitern und sich beispielsweise die Frage nach lokalen, umweltfreundlichen Alternativen zu industriellen, Müll verursachenden Farben und Spielmaterialien stellen. Das Thema „Wildpflanzen und ihre Verwendung“ kann folgende BNE-Ziele abdecken: Ziel 2: Kein Hunger, Ziel 3: Gesundheit und Wohlergehen, Ziel 12: Nachhaltigkeit bei Konsum und Produktion, Ziel 13: Klimaschutz und Anpassung, Ziel 15: Leben an Land.

Wenn Sie keine Erfahrung mit Wildkräutern haben, brauchen Sie keine Angst zu haben. Die hier vorgestellten Wildkräuter sind leicht zu erkennen und nahezu überall zu finden, selbst in der Stadt. Beginnen Sie vielleicht erst einmal mit einer Pflanze, bei der Sie sich sicher sind. Es ist besser, ein Wildkraut intensiv mit allen Sinnen kennenzulernen, als alle zwölf Kräuter nur ein bisschen. Ihre eigene Begeisterung für die Pflanze wird auch die Kinder anstecken. Wenn Sie nicht alles wissen und gemeinsam mit den Kindern recherchieren,

ist das authentisch und nur so können Sie für die Kinder ein Vorbild sein. **Entdecken Sie die Welt der Wildpflanzen gemeinsam mit den Kindern.**

Wenn Sie sich dennoch unsicher fühlen, nehmen Sie an einer **Wildkräuterführung** teil! Das gibt Ihnen Sicherheit und Sie erfahren immer wieder Neues, was Sie in Ihrer täglichen Arbeit mit Kindern verwenden können, im Anhang (→ S. 109) sind dafür einige Adressen aufgeführt.

Wir alle sind wohl bereits davor gewarnt worden, wilde Beeren oder Kräuter in niedriger Wuchshöhe zu essen, um uns nicht mit dem Fuchsbandwurm zu infizieren. Aber: Es ist noch kein Fall bekannt, dass sich jemand durch das Sammeln von Kräutern und Beeren damit infiziert hat. Die Fuchsbandwurmeier sind im Kot von Tieren oder in deren Körper zu finden. Kleine Nagetiere sind beim Fuchsbandwurm als Zwischenwirt beliebt und werden gern von Hunden, Katzen und auch Füchsen gefressen. Damit haben Menschen mit Hunden und Katzen, Landwirtinnen und Landwirte und Jäger*innen ein im Vergleich erhöhtes Risiko, einen Fuchsbandwurm zu bekommen. Wenn man die unten aufgeführten Sammelregeln beachtet, ist das Risiko sehr gering.

Die hier vorgestellten Rezepte und Aktionen gehören zu meinem Alltag und sind von mir ausgiebig erprobt worden. Wenn Ihnen daran etwas nicht gefällt oder für Sie mit den Kindern so nicht umsetzbar sind, ändern Sie sie nach Belieben ab! **Die Kräuterküche lebt von der Vielfalt und Experimentierfreude!** Zudem ist das Arbeiten mit Kindern nie planbar – bleiben Sie flexibel.

Damit Sie einen schnellen Überblick darüber haben, um welche Art von Angeboten es geht, haben wir Ihnen diese mit Icons kenntlich gemacht:

Geschichten, die entweder hier im Buch direkt abgedruckt sind, oder Vorschläge, die Sie z. B. aus Märchenbüchern vorlesen können

Spiele

Bastelangebote

Rezepte zum Kochen, Backen oder nur zum Zusammenrühren

Kosmetik und kleine Heilmittel, bei denen Sie natürlich immer vorsichtig Rücksprache mit den Eltern halten sollten, bevor Sie Kindern etwas davon geben

Naturbeobachtung, wie kleine Experimente oder das Erleben spannender Phänomene

Musik, d. h. Lieder zum Singen oder Musizieren mit Instrumenten

Bewusst wurde auf die Angabe der teilnehmenden Kinderanzahl bei den Aktionen, Spielen und Rezepten verzichtet. Niemand kennt die Kinder und ihre Fähigkeiten so gut wie Sie. Je nach Alter der Kinder, ihren Stärken und Schwächen, aber auch der Anzahl der betreuenden Erwachsenen und ihren Erfahrungen sowie Fähigkeiten ist es sinnvoll, die Kinderanzahl individuell der Gruppe und dem Ereignis anzupassen. Einige Rezepte erfordern eventuell verstärkt Ihre Mithilfe. Bestimmte Geräte dürfen Kinder noch nicht allein benutzen oder es geht am Topf heiß her. Lassen Sie hier die Sicherheit oberstes Gebot sein. Achten Sie auch besonders auf **Allergien und Unverträglichkeiten** der Kinder.

Was ich Ihnen mit angegeben habe, sind die **Bildungsbereiche,** die mit den jeweiligen Angeboten gefördert werden. Das kann z. B. Ihre Arbeit für die Bildungsdokumentation erleichtern. In ganzheitlichen Angeboten werden natürlich immer wieder sehr viele Bildungsbereiche gefördert und Sie können den Schwerpunkt dabei individuell ganz

unterschiedlich legen. Damit es nicht zu unübersichtlich wird, haben wir deswegen immer nur die wichtigsten Bereiche markiert. Sie erkennen sie an den folgenden Icons:

Körper, Gesundheit und Ernährung:
z. B. gesundes Essen oder Heilmittel zubereiten

Sprache und Kommunikation:
z. B. Reime und Rätselspiele, Gesprächskreise

Soziale, kulturelle und interkulturelle Bildung:
z. B. soziale Fähigkeiten, wie miteinander zu teilen, oder aber auch traditionelle Kulturtechniken kennenlernen

Bewegung/Feinmotorik:
z. B. Kräuter schneiden, im Wald nach Kräutern suchen

Mathematische Bildung:
z. B. Abmessen und Abwiegen der Zutaten

Ökologische Bildung:
z. B. essbare Heilpflanzen erleben und verarbeiten

Naturwissenschaftlich-technische Bildung:
z. B. das Erleben unterschiedlicher Aggregatzustände

Musisch-ästhetische Bildung:
z. B. im kreativen Gestalten oder beim Singen

Ethik und Religion:
z. B. religiöse Feste kennenlernen oder über ethische Fragen nachdenken

Medien:
z. B. fotografieren, eine Wandzeitung gestalten, etwas recherchieren

Na, dann los! Probieren geht über Studieren oder wie Goethe sagte:

„Die Natur ist doch das einzige Buch, das auf allen Blättern großen Gehalt bietet."
(Johann Wolfgang von Goethe)

Danksagung

Ohne das Interesse und die Fragen unserer Tochter Marlene sowie den bedingungslosen Rückhalt meines Mannes Michael wäre dieses Buch nicht entstanden. Beide haben tapfer alle Wildkräuterrezepte probiert und für gut befunden, alle chaotischen Küchenerlebnisse mit mir geteilt und ständige „Ich bin dann mal Kräutersammeln"-Aktionen ertragen. Euch möchte ich ganz besonders danken für eure Freiheit, Unterstützung und Hilfe, die ihr mir gegeben habt.

Ein besonderer Dank gilt auch Simone Venjakob für ihre Durchsicht des Manuskripts und die vielen gemeinsamen Diskussionen. Bei ihr konnte ich mich kräutertechnisch wild austoben!

Ebenfalls ein besonderer Dank gebührt Frau Dr. Geffers und Hanna Schenck, die mir jederzeit mit Rat und Tat zur Seite standen und das Lektorat übernommen haben.

Des Weiteren danke ich den Teilnehmer*innen und Dozenten*innen der Ausbildungen zur „Kräuterfachfrau" (2017), „PhytAro Dipl. Kräuterfachfrau" (2018) und „Heilpflanzenpädagogin" (2019) an der PhytAro Heilpflanzenschule Dortmund für die vielen Ideen, die Motivation und natürlich das Wissen über die Welt der Heilpflanzen und der TEM (Traditionellen europäischen Medizin). Der Austausch mit euch ist einfach wunderbar!

Damit das Sammeln von Wildkräutern keine Gefahr für Sie, die Kinder und die Umwelt wird, gilt es, ein paar Regeln zu beachten. Halten Sie bitte auch die Kinder dazu an, respektvoll und achtsam mit der kostbaren Natur umzugehen, auch wenn einige Menschen der Meinung sind, „Unkräuter" (ich nenne sie „Beikräuter") seien nicht wertvoll. Das Gegenteil ist der Fall.

Sammelregeln

1. Sammeln Sie nur Pflanzen, die Sie sicher erkennen und bestimmen können!
2. Nehmen Sie nur so viele Kräuter mit, wie auch wirklich gebraucht werden! Bitte pflücken Sie nicht eine ganze Pflanze (leer). Die Pflanzen müssen sich erholen können, damit Sie sie im nächsten Jahr dort auch wieder ernten können. Die Tiere sind Ihnen ebenfalls dankbar, wenn Sie ihnen etwas übrig lassen. Bei Früchten und Nüssen gilt für mich: Was ganz oben wächst, ist für die Tiere. Ich klettere nicht auf Leitern o. Ä. herum, um an die letzten Früchte zu kommen. Ein*e gute*r Sammler*in hinterlässt die Sammelstelle so, dass man nicht sieht, dass dort gesammelt wurde.
3. Sammeln Sie nur an Stellen, die nicht durch Dünger, Pestizide, Autoabgase oder Hundekot/-urin verunreinigt sind.
4. Bitte pflücken Sie nicht ungefragt in Gärten oder Parks. Es gibt Orte, an denen man vorher fragen muss, ob man etwas entnehmen darf. Eine Ausnahme bilden die sogenannten „Essbare-Wildpflanzen-Parks".
5. Bitte ernten Sie nur gesunde Pflanzen und niemals geschützte Pflanzen! Diese sind nicht ohne Grund geschützt.
6. Ernten Sie die Pflanzen vorsichtig. Reißen Sie sie nicht mit der ganzen Wurzel aus, sondern pflücken Sie nur die Teile der Pflanze, die Sie wirklich benötigen. Jede Pflanze, die mit Wurzel geerntet wird, fehlt an diesem Platz und kann nicht nachwachsen.
7. An Regentagen sollte man nicht zum Kräutersammeln gehen, da die Pflanzen zu nass sind. Gepflückt werden Kräuter an einem sonnigen Tag am Vormittag (mit Ausnahme der Brennnessel, die erst nachmittags). Pflanzen, die man des Duftes wegen sammelt, und das Johanniskraut pflückt man bitte um die Mittagszeit, da dann der Gehalt an ätherischen Ölen, die den Duft ausmachen, am höchsten ist.
8. Dankbarkeit: Ich bedanke mich bei den Pflanzen beim Sammeln dafür, dass ich sie mitnehmen darf. Manchmal ist es das Wort „Danke", manchmal lasse ich etwas für die Natur da, z. B. etwas Wasser oder Mehl, einen schönen Stein …

Praktische Tipps zum Sammeln

Zum Sammeln eignet sich am besten **ein Korb oder eine Baumwolltasche.** Sie sind von den Kindern leicht zu tragen und hier können die Kräuter schon antrocknen. Wenn die Wildkräuter direkt in der Küche verwendet werden sollen, bleiben sie länger frisch, wenn zum Sammeln ein feuchtes Tuch mit in den Korb gelegt wird. In Kunststofftüten oder -behältern fangen die Kräuter an, zu schwitzen und zu schimmeln.

Zum Ernten mit Kindern ist es gut, **Kinderscheren** mitzunehmen. Sie können die Pflanzenteile damit vorsichtig abtrennen und reißen nicht das ganze Kraut beim Pflücken heraus. So kann die Pflanze nach der Ernte noch weiterwachsen. **Gartenhandschuhe** können bei der Ernte von Brennnessel und Brombeere zum Schutz gegen die Stacheln und Brennhaare von Nutzen sein, ansonsten vergeht den Kindern schnell die Lust auf das Sammeln und Beschäftigen mit dem Kraut.

Zurück in der Einrichtung können die Kinder die Pflanzen **auf einem Tuch ausbreiten,** damit die Insekten noch die Möglichkeit haben, sich aus dem Staub zu machen. Die Pflanze für das **Herbarium** sollte allerdings direkt gepresst werden, damit sie nicht schon verwelkt zwischen die Buchseiten kommt. Man kann sie dann nicht mehr gut erkennen.

Das **Trocknen** sollte schonend geschehen, also nicht in großer Hitze, damit die Geschmacks-, Duft- und Heilstoffe erhalten bleiben – am besten an einem schattigen Platz, der gut gelüftet ist. Den im Vogelmiere-Kapitel vorgestellten **Kräutertrockner aus Obstkisten** (→ S. 17) kann man auch zu Beginn mit den Kindern basteln und so einen festen Platz in der Einrichtung für die gesammelten Kräuter schaffen.

ACHTUNG!

Es gibt Menschen, die empfindlich auf Korbblütler reagieren und deren Haut beim Pflücken rot wird und juckt. Diese sogenannte „Wiesendermatitis" ist in der Regel nicht gefährlich, sondern nur unangenehm. Fragen Sie bitte vorher bei den Eltern nach, ob eine derartige Allergie vorliegt.

Jahresprojekt 1: Anlegen eines Herbariums oder/und einer Projektwand

Um die Pflanzen besser kennenzulernen, können die Kinder im Laufe des Jahres ein Lexikon anlegen, ein sogenanntes „Herbarium".

Ein Herbarium ist eine Sammlung von gepressten Pflanzen. Es kann hilfreich sein, so eine Sammlung zu haben, da man die Pflanze auf Fotos manchmal nicht so gut erkennen kann. In einem Herbarium sammeln die Kinder die Pflanzen, die sie erkennen und auch verwenden. Insbesondere in den Wintermonaten kann man sie immer wieder anschauen und sich erinnern. Auch ist es ein schöner Sprachanlass, wenn Kinder sich gegenseitig etwas zu den Pflanzen erzählen können.

Zum Trocknen der Pflanzen benötigt man **dicke Bücher und Zeitungspapier.** Die Kinder legen die gesammelten einzelnen Pflanzen zwischen **zwei Papierbögen,** Sie notieren den Namen der Pflanze, das Datum und wo sie gefunden wurde, und legen diese dann in die Bücher. Zwischen den Pflanzen im Buch sollte genügend Abstand gehalten werden, damit es nicht zu feucht wird und die Pflanzenteile nicht schimmeln, anstatt zu trocknen. Nach **drei bis vier Wochen** müssten sie glatt gepresst und getrocknet sein.

Die gepresste Pflanze legt man nun auf **ein frisches Blatt Papier** und **klebt** sie dort fest. Die Seiten werden **beschriftet** mit dem Namen der Pflanze, Fundort und Datum und dann in eine **Klarsichtfolie** geschoben. Die Folien kommen in einen **Ordner** und fertig ist das Pflanzenlexikon, das immer wieder erweitert werden kann. Statt einzelner Seiten kann man die Kräuter auch in **ein leeres Buch mit starken Seiten** kleben.

Um es immer vor Augen zu haben, können die Kinder die getrockneten Pflanzen auch **auf ein großes Plakat** kleben, das in zwölf Monate unterteilt wurde. Sie können die Pflanzen auch malen und Sie könnten die Bilder/Pflanzen beschriften. So können auch die Eltern daran teilhaben, indem die Kinder es ihnen regelmäßig zeigen können und es für alle sichtbar an der Wand hängt. Zusätzlich können auch die Pflanzen das Jahr über mit Fotos begleitet werden, indem jeden Monat von den Pflanzen ein Foto gemacht wird und, das ebenfalls im Jahresverlauf auf ein Plakat geklebt wird.
So prägen sich die Pflanzen besser ein und die Kinder können den Wandel der Pflanzen besser nachvollziehen.

Jahresprojekt 2: Tinas Wichtel-Winter-Tee

Ein schönes Jahresprojekt mit Kindern ist dieser **Kräutertee.** Fast jede hier im Buch vorgestellte Pflanze wird für diesen Tee benötigt. So können die Kinder fast jeden Monat etwas für diesen Tee sammeln und trocknen. Am Ende kommt ein Jahrestee dabei heraus, der die Ernte des ganzen Jahres darstellt. Die meisten Kräuter können das ganze Jahr über gepflückt werden, sodass es nicht schlimm ist, wenn Sie mal einen Monat verpasst haben. Folgende Wildkräuter werden gesammelt:

- 3 EL Gänseblümchenblüten (Februar)
- 5 EL Holunderblüten (Mai) und die Beeren (August)
- 2 EL Johanniskraut (Juni)
- 3 EL Spitzwegerich (Juli)
- 3 EL Brombeerblätter (Oktober)
- 2 EL Haselnussblätter (November)
- 3 EL Hagebutten (Dezember)

Vermischen Sie die gut getrockneten Kräuter und füllen Sie sie in eine luftdichte Dose ab. Für den Tee verwenden Sie 1 TL auf eine Tasse kochendes Wasser und lassen ihn 5–10 Minuten zugedeckt ziehen. Wenn der Tee etwas winterlicher schmecken soll, können Sie zusätzlich auch **Orangenschale** und etwas **Zimt** dazugeben.

Kräuter-Memo

Egal in welcher Phase Sie sich mit den Kindern befinden und wie viele Wildkräuter sie schon kennen, Sie können mit ihnen das Kräuter-Memo aus diesem Buch spielen. Kopieren Sie dafür die Vorlage von Seite 105ff. Wenn Sie die Seiten doppelt farbkopieren, können Sie mit den Kindern ein ganz normales Memo spielen, das für kleine Kinder schon schwierig genug sein wird. Die Namen der Kräuter können Sie dabei bereits unterbringen, sie spielen jedoch noch keine Rolle. Wenn die Kinder älter sind und die Wildkräuter schon gut kennen, können Sie die Variante für Kenner*innen spielen: Kopieren Sie die Seiten jeweils nur einmal. Nun geht es nicht mehr darum, immer das gleiche Bild aufzudecken, sondern immer die passende Frucht zu den passenden Blättern zu finden. Das ist schon ganz schön knifflig und auch Erwachsene können dabei noch viel lernen!

Allergien und Lebensmittelunverträglichkeiten

Da Lebensmittelunverträglichkeiten und Allergien häufig sind, stelle ich Ihnen hier einige Austauschmöglichkeiten für die Rezepte vor:

Produkt	Austauschmöglichkeiten
Milch**	z.B. Pflanzendrinks: Hafer-, Reis-, Soja-, Dinkelmilch
Quark/Joghurt**/ Schmand**/saure Sahne**/Frischkäse****	z.B. Sojajoghurt, veganer Sourcream-Ersatz, Streichgenuss/Streichcreme
Sahne	Pflanzliche Alternativen, wie Haferkochsahne etc. Schlagsahne: aufgeschlagene Kokosmilch, veganes Ersatzprodukt
Ei	**In Kuchen, Pfannkuchen, Gebäck:** 1 Ei = 2 EL Mehl, 1 EL Backpulver, 2 EL Öl + 2 EL Wasser; oder 1 Ei = ½ reife Banane zerdrückt oder 80 g Apfelmus **Rührei:** Tofu + Kala Namak Salz (gibt Ei-Geschmack) **Ei-Farbe** = Kurkuma
Nüsse/Mandeln	**Erdmandeln** (Chufas) sind ein Knollengewächs und keine Mandel, andere Saaten, wie Kürbis- oder Sonnenblumenkerne
Honig*	**Sirup** (Agaven-, Dattel-, Reissirup)
Butter	**Vegane Margarine**
Glutenhaltiges Mehl ***	**Glutenfrei:** glutenfreies Hafermehl zum Backen, Teffmehl (Zwerghirse) zum Backen, Maismehl (für Suppen und Soßen)
Käse	**Zum Überbacken:** Hefeschmelz oder Schmelzkäsemasse (siehe Rezepte unten****)

* darf bei Kindern unter zwölf Monaten nicht verwendet werden

** gibt es als laktosefreie Variante inzwischen in fast allen Supermärkten

*** Glutenfreies Backen erfordert spezielle Rezepte, denn Weizenmehl oder Dinkelmehl lassen sich nicht eins zu eins durch glutenfreie Alternativen austauschen. In der Regel werden Bindemittel gebraucht, die das fehlende Klebereiweiß Gluten ausgleichen. Dafür nimmt man z.B. Kartoffelmehl, Pfeilwurzelmehl, Johannisbrotkernmehl und Guarkernmehl oder auch gemahlene Flohsamenschalen. Einfach mal im Bioladen bei Mehlalternativen schauen, es gibt fertige Mehlmischungen für glutenfreies Backen.

**** 4 EL Margarine, 6 TL Mehl, 250 ml Wasser, 8 EL Hefeflocken, 1 EL Senf, Salz, Pfeffer: Das Fett in einem Topf schmelzen und dann das Mehl dazugeben und gut verrühren. Nun Wasser und Hefeflocken dazugeben und gut durchrühren. Zum Schluss mit Senf, Salz und Pfeffer würzen. Oder: 2 EL Öl mit einem Päckchen Sojasahne in einem heißen Topf miteinander verrühren, bis eine dickliche Masse entsteht, dabei aber nicht kochen lassen.

ACHTUNG!

Gewöhnen Sie sich an, jede hergestellte Substanz mit Rezept zu beschriften! Wenn Sie etwas von den eigenen Dingen weitergeben oder den Kindern zum Essen geben, muss klar sein, was sich darin befindet, denn es könnte ja sein, dass jemand einen Inhaltsstoff nicht verträgt. Denken Sie bitte beim Zubereiten von Speisen mit Kindern an eine Rückstellprobe zu Ihrer eigenen Sicherheit.

Kochen und Backen mit kleinen Kindern

Für ganz kleine Kinder kann es sinnvoll sein, die Gramm- und Milliliter-Angaben durch Tassen und Löffelangaben zu ersetzen. So können auch die kleinen Kinder frustfrei mithelfen. Hier sind die wichtigsten Mengenangaben als grober Richtwert:

Zutat	TL (5 ml) in g	EL (15 ml) in g	Tasse (150 ml) in g
Mehl/Speisestärke/Haferflocken	10	15	100
Zucker/Salz	10	20	150
Puderzucker/Kakao	5	10	90
Butter/Öl	5	12	120
Frischkäse/Quark/Schmand	15	25	230
Gemahlene Mandeln/Nüsse	5	10	70
Marmelade/Honig	5	15	200
Milch, Saft, Wasser, Sahne	5	15	150

Glossar

Maßeinheiten und Begriffe

EL = Esslöffel
g = Gramm
kg = Kilogramm
l = Liter
ml = Milliliter
TL = Teelöffel
Tr. = Tropfen
Ø = Durchmesser

abseihen = absieben
adstringierend = gefäßverengend
Quark = Topfen
Sauerrahm = saure Sahne
spec. = vom lateinischen Wort *„species"* (übersetzt: Spezies, Art) wird in der Biologie hinter den Gattungsnamen einer Pflanze geschrieben, wenn man ausdrücken will, dass es sich zwar um eine konkrete Art handelt, die genaue Art aber nicht bekannt oder nicht wichtig ist. So steht z. B. „Rosa spec." für eine nicht näher definierte Art aus der Gattung der Rosen.

Wildkräuter und ihre Alternativen

Was ist, wenn ich nicht genug Wildkräuter für die ganze Gruppe finde?

Selbst wenn nur **ein kleiner Teil des Rezeptes** aus der gesammelten Wildpflanze besteht, ist die Begeisterung bei den Kindern groß. Oft ist es nicht einfach, genug Pflanzenmaterial für eine ganze Gruppe zu finden. Hier gibt es Alternativen, die man nehmen kann, um für die Kinder das wunderbare Erlebnis des Sammelns und Zubereitens trotzdem zu bekommen.

Werden Wildkräuter gekocht (Suppe, Rührei etc.) oder daraus grüne Farbe hergestellt (z. B. bei der Brennnessel), kann die Menge der Kräuter **mit Spinat (frisch oder ggf. tiefgekühlt) aufgestockt** werden. Auch können die Wildkräuter im Buch gern gemischt werden,

z. B. in Dips, Brot, Gemüsekuchen und ähnlichen Rezepten.

Bei Rezepten, die Beeren verwenden (Holunder, Brombeere) kann man je nach Rezept entweder den **Saft hinzukaufen** oder **tiefgekühlte Beeren** mitverwenden. Auch lassen sich oft verschiedene Beeren mischen, um ein Rezept (Kuchen, Marmelade, Farbe) umzusetzen. Auch Nüsse kann man gegen andere Nüsse oder Mandeln austauschen und ggf. einige hinzukaufen (bei Haselnüssen gern noch mit Schale, damit das Erlebnis des Nüsse-Knackens erhalten bleibt).

Bekommt man nicht genug Hagebutten oder Holunderbeeren zusammen, kann man die Kochrezeptzutat auch **mit Äpfeln oder Birnen verlängern.** Bei den Hagebutten gibt es im Supermarkt oft **Hagebuttenmarmelade oder Hagebuttenmark** zu kaufen, welches ebenfalls verwendet werden kann.

Für Rezepte mit Blüten lassen sich auch andere essbare Blüten nehmen oder man mischt diese, dann wird es noch bunter.

Für Bastelaktionen, bei denen Stöckchen und Zweige verwendet werden, können **beliebige andere ungiftige Holzarten** verwendet werden. Bitte bei den Holunderzweigen darauf achten, dass auch die Alternativhölzer innen hohl sind!
Nur wenn Rezepte auf eine besondere traditionelle Heilwirkung abzielen, sollte man die ursprünglich angegebenen Wildkräuter verwenden. In der Regel werden davon aber nicht viele benötigt.

Essbare Blüten

Um einen leichten Einstieg in das Essen von Wildkräutern zu bekommen, kann man mit den Kindern zunächst die Speisen mit essbaren Blüten verzieren. Das sieht hübsch aus und weckt das Interesse. Folgende Blüten sind beispielsweise essbar:

- Veilchen und Stiefmütterchen *(Viola)*
- Hornveilchen *(Viola cornuta)*
- Vergissmeinnicht *(Myosotis sylvatica)*
- Magnolien
- Löwenzahn *(Taraxacum)*
- Rosen-/Obstblüten *(Rosa)*
- Lavendel *(Lavandula)*
- Taglilien
- Phlox
- Eis-Begonien
- Dahlien
- Jasmin
- Kornblumen
- Flieder *(Syringa vulgaris)*
- Gänseblümchen *(Bellis perennis)*
- Hibiskus *(Hibiscus)*
- Kapuzinerkresse *(Tropaeolum majus)*
- Astern *(Aster)*
- Duftgeranien *(Pelargonium)*
- Glockenblumen *(Campanula)*
- Klee *(Trifolium)*
- Holunder *(Sambucus nigra)*
- Kamille *(Chamomilla matricaria)*
- Malve *(Malva sylvestris)*
- Ringelblume Blütenblätter *(Calendula officinale)*
- Sonnenblume *(Helianthus annuus)*
- Taubnessel *(Lamnia album/purpurea)*
- Kürbis-/Zucchiniblüten
- Tagetes *(ein schönes Aroma haben: Tagetes tenuifolia, Tagetes lucida, Tagetes minuta, Tagetes filifolia [Lakritztagetes])*

Achten Sie bei den Blüten darauf, dass sie von unbehandelten Pflanzen genommen werden.

JANUAR

Die Vogelmiere

Im Januar widmen wir uns besonders der Vogelmiere …

- wir erzählen ein **Märchen,**
- gehen auf eine **gustatorische Reise,**
- basteln ein **Eismobile,**
- basteln einen **Wildkräutertrockner,** den wir das ganze Jahr gebrauchen können,
- stellen **Handcreme** her,
- backen **Brot,**
- mischen uns einen **Vogelmieren-Ei-Aufstrich** und
- bewegen uns zu einem kleinen **Bewegungsvers.**

SAMMELTIPP

Ab jetzt im Januar sind auch schon das Gänseblümchen (Beschreibung im Monat Februar), die Schafgarbenblätter (Monat August) und die Blätter der Brombeere (Oktober) sowie die Blüten der Haselnuss (November) zu finden.

So heißt die Pflanze

Vogelmiere ✿ *(Stellaria media)*

Man nennt sie noch

Hühnerdarm, weil man, wenn man den Stängel auseinanderzieht, die zähen Leitbündel (Nährstoff/Wassertransportbahnen einer Pflanze) als Ganzes herauszieht. Vögel, insbesondere Hühner, mögen das Kraut sehr gern.
Weitere Namen sind auch Mäusedarm, Sternenkraut, Sternmiere, Vögelichrut, Vogelkraut, Hustdarm, Vogelmeier, Vogel-Sternmiere, Meier, Hühnerscherbe, Alsine, Gänsegras.

Sie gehört zu der Familie

Nelkengewächse *(Caryophyllaceae)*

So sieht sie aus

Die Vogelmiere hat grüne, stark verzweigte, runde Stängel. Diese haben eine Haarleiste. Die gestielten, eiförmigen Blätter sitzen sich am Stängel gegenüber. Im oberen Teil der Pflanze sind die Blätter spitzer und haben keinen Stiel mehr. Die fünf kleinen, weißen Blütenblätter sehen aus, als wären es zehn, weil sie mittig stark geteilt sind. Der Teilungsschlitz geht aber nicht bis zum Ende des Blütenblattes. Daher sind es in Wirklichkeit nur fünf Stück.

Hier kann man sie finden

Sie wächst in Gärten, auf Wiesen und Äckern, in lichten Wäldern und am Wegrand, unter Gebüschen und Zäunen sowie auf Schuttplätzen. Die Vogelmiere wächst aber auch in einem Blumentopf. Sie mag es gern sonnig bis halbschattig und wenn der Boden feucht ist.

Das wird gesammelt

Gesammelt wird das ganze Kraut. Bitte beim Ernten darauf achten, dass die Wurzel nicht mit herausgerissen wird, damit die Vogelmiere noch weiterwachsen kann.

Dann wird gesammelt

Die Vogelmiere wächst das ganze Jahr hindurch und ist deshalb auch im Winter eine gute Möglichkeit, an viele Vitamine und Mineralstoffe zu kommen. Die Blüten sind von März bis November zu sehen.

Besonderheiten

Die Vogelmiere ist eine Wetteranzeigepflanze: Eigentlich öffnet sie ihre Blüten gegen neun Uhr morgens. Wenn aber Regen bevorsteht, bleiben die Blüten geschlossen. Dann den Regenschirm mitnehmen!

! Verwechslungsgefahr

Vor der Blütezeit ist die Vogelmiere eventuell mit dem **Acker-Gauchheil** *(Anagallis arvensis)* verwechselbar. Diese Pflanze hat aber einen vierkantigen Stängel und orange-gelbe Blüten.

Acker-Gauchheil

Die Geschichte vom Sternen-Hochzeitskleid

Eines Tages traf ein armer, junger Bauer auf eine wunderschöne Prinzessin. Sie hatte langes Haar und sah aus wie eine Elfe. Der junge Mann verliebte sich sogleich in die schöne Frau. Auch die Prinzessin mochte den jungen Bauern sehr gern. Aber der König verbot es seiner Tochter, den armen Burschen zu heiraten. Sie sollte mindestens einen Mann bekommen, der ebenso reich war wie sie. Also sagte der König zum Bauern: „Wenn du mir ein Kleid bringst, ganz aus Sternen gewebt, sollst du meine Tochter zur Frau bekommen.“ Der König war sich sicher, dass der Bauer es niemals schaffen würde, so ein teures Kleid zu kaufen.

Traurig gingen der Bauer und die Prinzessin aus dem Schloss und über die Wiesen. Natürlich durfte der König es nicht bemerken. So trafen sie sich zwei Mal heimlich, ohne dass ihnen eine Lösung für ihr Problem einfiel.

Bei ihrem dritten Spaziergang über die Wiese hinter dem Schloss erschien ihnen plötzlich ein altes Mütterchen. Es winkte sie zu sich. Der Bauer und die Prinzessin zögerten zunächst. Da aber ihre Lage aussichtslos erschien, riskierten sie es schließlich. Das Mütterchen sprach: „Ich kann euch helfen und der Prinzessin ein aus Sternen gewebtes Kleid geben, wenn ihr mir drei Aufgaben erfüllt.“ Die beiden jungen Leute sagten zu, denn: Was hatten sie schon zu verlieren?

„Die erste Aufgabe ist ein Rätsel: Welche Sterne leuchten bei Tage, sind aber des Nachts nicht zu sehen?“ Die Prinzessin und der Bauer überlegten hin und her. Sie ließen den Blick über die Wiese streifen … Da blieben die Augen der Prinzessin auf den Blüten der Vogelmiere hängen. „Ich habe es!“, sagte die Prinzessin ganz aufgeregt, „es sind die Sternenblüten der Vogelmiere!“ Das Mütterchen lächelte, denn damit hatten sie das erste Rätsel gelöst!

„Die zweite Aufgabe lautet: Sammelt mir bis zum Sonnenuntergang 20 Dutzend Blüten von der Vogelmiere, ohne dass eine Blüte verloren geht.“ Der junge Bauer machte sich sofort daran, die zweite Aufgabe zu erfüllen, denn er war sehr geschickt mit den Händen. Schon nach einer Stunde war er fertig und hatte nicht eine einzige Blüte verloren. Wieder lächelte das Mütterchen, denn auch die zweite Aufgabe war gelöst.

„Nun, die letzte Aufgabe ist die schwerste. Webt mir aus der Vogelmiere 20 Ellen feines Leinen. Bis Sonnenaufgang muss es fertig sein!“ Das war wahrhaftig keine einfache Aufgabe. Die Prinzessin nahm die Vogelmiere und ging mit dem Bauern in den Keller des Schlosses, wo ein alter Webstuhl stand. Mit geschickten Händen verwoben sie gemeinsam die Vogelmiere zu feinstem Leinen. Die ganze Nacht hindurch arbeiteten sie ununterbrochen. Kurz vor Sonnenaufgang, der Hahn tat schon seinen Schrei, waren sie mit dem Weben fertig.

Erschöpft gingen sie ans Tageslicht auf die Wiese. Sie waren müde und legten sich auf die Wiese unter einen Holunderbusch. Kurz darauf schliefen sie ein. Als beide aufwachten, war die gewebte Vogelmiere verschwunden und stattdessen lag neben ihnen ein wunderschönes Kleid, fein gewebt aus Vogelmiere und übersät mit ihren schönen Sternenblüten. Das konnte nur das Werk der Frau Holle, des alten Mütterchens, gewesen sein! Sie bedankten sich bei dem Holunderbusch und damit bei Frau Holle. Hand in Hand liefen sie mit dem Kleid zurück zum Schloss. Als der König seine Tochter in dem Vogelmierenkleid sah, konnte er nicht anders und musste der Hochzeit zustimmen. Fortan lebten sie glücklich bis an ihr Lebensende.

Gustatorische Reise

Zutaten:
- verschiedene Obst- und Gemüsesorten (darunter junger Mais), Kräuter (darunter Vogelmiere)

Material:
- Augenbinde oder längliches Tuch
- Teller, Messer, Brettchen

So geht's:
Schneiden Sie zunächst die Zutaten in mundgerechte Stücke und legen Sie sie sortiert auf den Teller. Ein Kind darf sich nun die Augen verbinden lassen. Ein weiteres Kind darf diesem Kind nacheinander Essen anreichen und erfragen, ob es schmecken kann, was es ist. Kann man den Unterschied zwischen Vogelmiere und Mais schmecken? Kann man etwas schmecken, wenn man sich dabei die Nase zuhält?

TIPP
Schönes Spiel für die Kinder und hilfreich für die Bildungsdokumentation des Kindes!

Eismobile

Material:
- alte Schalen
- Naturmaterialien wie Samen, Hagebutten, Vogelmiere …
- Wasser, Bindfaden, Schere
- Frost

So geht's:
Füllen Sie die Schalen mit etwas Naturmaterial und gießen Sie sie mit Wasser auf. Legen Sie einen Bindfaden in das Wasser und stellen Sie die Schalen draußen in die Kälte (mind. 0°C). Wenn das Wasser gefroren ist, können Sie die Eisblöcke herausnehmen und in einen Strauch oder Baum hängen. Je flacher die Schale, desto schneller geht es!

Schon gewusst?
Für den kleinen Hunger unterwegs kann man die Vogelmiere übrigens roh essen!

Der Wildkräutertrockner

Zwar verwendet man die Vogelmiere am besten frisch, aber zur Vorbereitung auf die kommenden Monate kann mit dem Bau eines Kräutertrockners begonnen werden.

Material:

- kleine Obstkisten vom Markt oder Supermarkt (z. B. von Mandarinen etc.)
- Bindfäden/Schnur
- Tüll, Gaze oder dünnen Baumwollstoff
- Schere
- Lineal

So geht's:

Den Stoff etwas größer zuschneiden, als die Obstkiste groß ist. Diesen dann über die Öffnung der Kiste spannen und mit dem Bindfaden an den vier Ecken der Kiste befestigen, fertig! Die gesammelten Kräuter können dann auf den Stoff gelegt werden. So bekommen sie genug Luft von allen Seiten und können schonend getrocknet werden. Man kann auch den Stoff an den Ecken einschneiden und mit diesen beiden Enden einen Knoten um den Holzsteg binden.

TIPP

Die Kinder können die Kisten auch mit Wasserfarben zuvor bunt bemalen.

Fixes Vogelmierenbrot

Zutaten:

- 300 g Dinkelmehl
- 1 TL Backpulver
- ¼ TL Kräutersalz
- 1 Päckchen Trockenhefe
- 200 ml Buttermilch
- 2 Handvoll Vogelmiere
- 1 TL Zucker
- 100 ml Olivenöl
- Butter zum Einfetten der Form

Material:

- Messbecher
- Waage
- Rührschüssel
- Backpinsel
- Rührlöffel
- kleiner Topf
- Brettchen
- Messer
- 1 Kastenform
- Geschirrhandtuch
- Herdplatte und Backofen

So geht's:

1. Die Backform mit etwas Butter einfetten und warm stellen.
2. Mehl, Trockenhefe, Backpulver und Salz in der Rührschüssel von den Kindern abmessen bzw. abwiegen und einfüllen lassen.
   Alle Zutaten gut vermischen.
3. Vogelmiere klein schneiden.
   Die Buttermilch handwarm erwärmen.
   Alle Zutaten mit Olivenöl zusammen kräftig verrühren. Der Teig ist sehr flüssig.
4. Den Teig in die Form füllen und, wenn möglich, die Oberfläche längs einritzen.
   In ein Handtuch einwickeln und 15 Minuten auf der Heizung gehen lassen.
   Den Backofen auf 180°C Umluft vorheizen.
   Das Brot im Ofen (2. Schiene von unten) ca. 35 Minuten backen.

Seidenweiche Vogelmieren-Salbe oder Handcreme

Diese Salbe wirkt kühlend und hilft bei Wunden oder kann täglich als Handcreme verwendet werden. Ich nehme sie auch gern als Lippenbalsam für unterwegs, weil ich immer eine kleine Dose davon dabeihabe.

Zutaten:

- 1 Handvoll frische Vogelmiere
- 75 g Kokosöl oder Kokosfett

Material:

- Marmeladenglas
- Topf mit etwas Wasser
- Sieb
- Salbenkruken/-dosen
- Etiketten, Stift

So geht's:

1. Die Vogelmiere waschen und etwas abtrocknen.
2. Das Kokosöl in das Glas geben und in den Topf mit Wasser stellen (Wasserbad). Das Wasser auf dem Herd erhitzen und das Öl bei geringer Hitze schmelzen lassen. Es sollte nicht brodeln, dann ist das Öl zu heiß.
3. Die Vogelmiere in das flüssige Öl geben und ca. 10 Minuten auf niedriger Stufe des Herdes warm halten. Dann auf der ausgeschalteten Herdplatte abkühlen und über Nacht stehen lassen.
4. Am nächsten Tag das Öl mit der Miere wieder langsam im Wasserbad erwärmen und schmelzen. Das flüssige Kokosöl durch ein Sieb in kleine Gläschen oder Salbenkruken gießen.
5. Den Deckel erst nach dem Erkalten auf die Salbendöschen schrauben. Beschriftung und Datum nicht vergessen.

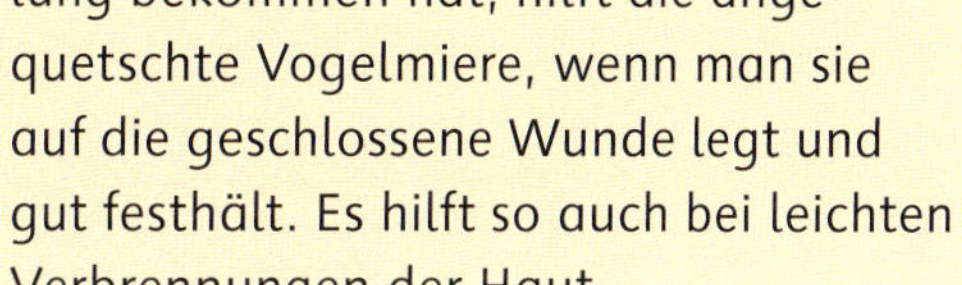

Schon gewusst?

Wenn man sich unterwegs verletzt hat und Schmerzen oder sogar eine Schwellung bekommen hat, hilft die angequetschte Vogelmiere, wenn man sie auf die geschlossene Wunde legt und gut festhält. Es hilft so auch bei leichten Verbrennungen der Haut.

Ei, ei, ei – Vogelmieren-Ei-Brottunke

Ein wunderbarer Dip, den man in Brot eintunken oder als Brotaufstrich genießen kann.

Für zwei Portionen

Zutaten:

- 2 EL Mayonnaise
- 75 g saure Sahne
- 2 hart gekochte Eier, gepellt
- ½ Handvoll Vogelmiere
- Kräutersalz, Pfeffer

Material:

- Schüssel, Löffel, Brettchen, Messer

So geht's:

1. Vogelmiere und Eier mit dem Messer fein hacken.
2. Mit den übrigen Zutaten zu einer gleichmäßigen Masse verrühren.
3. Mit Salz und Pfeffer abschmecken.

Ein Hut, ein Stock, ein Kräutersammelkorb

Dieses alte Bewegungsspiel ist hilfreich, wenn auf einem Kräutersammel-Kita-Ausflug die Motivation zum Laufen im Keller ist. Zusätzlich fördert es das Silben- und Wortbewusstsein der Kinder und das bewegungsunterstützte Zählen von eins bis zehn.

So geht's:

Die Kinder laufen nach folgendem Sprachrhythmus, indem sie bei jedem Wort einen Schritt vorwärtsgehen und am Ende mit dem freien Fuß die entsprechende Bewegung ausführen:

„Und 1 und 2 und 3 und 4 und 5 und 6 und 7 und 8 und 9 und 10, ein Hut, ein Stock, ein Kräuter – sam – mel – korb, und vorwärts, rückwärts, seitwärts, ran, Hacke, Spitze, hoch das Bein!“

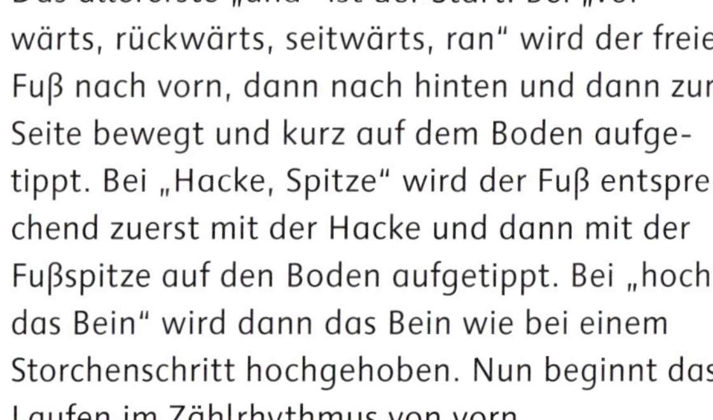

Das allererste „und“ ist der Start. Bei „vorwärts, rückwärts, seitwärts, ran“ wird der freie Fuß nach vorn, dann nach hinten und dann zur Seite bewegt und kurz auf dem Boden aufgetippt. Bei „Hacke, Spitze“ wird der Fuß entsprechend zuerst mit der Hacke und dann mit der Fußspitze auf den Boden aufgetippt. Bei „hoch das Bein“ wird dann das Bein wie bei einem Storchenschritt hochgehoben. Nun beginnt das Laufen im Zählrhythmus von vorn.

FEBRUAR

Das Gänseblümchen

Der Februar gilt dem Gänseblümchen, das nun schon blüht. Wir

- stellen **Aua-Öl** her,
- zaubern einen blumigen **Brotaufstrich,**
- veredeln Honig zu einem blühenden **Bellis-Honig,**
- stellen **Gänseblümchen-Essig** her,
- spielen **„Fang das Gänseblümchen“,**
- basteln einen **Haarkranz** und
- **Blumenstempel.**

SAMMELTIPP

Ab jetzt im Februar sind auch schon die Blätter des Löwenzahns (Beschreibung im Monat März) zu finden.

So heißt die Pflanze

Gänseblümchen ✿ *(Bellis perennis)*

Man nennt sie noch

Tausendschön, Marienblümlein, Maßliebchen …
Der Name Gänseblümchen kommt daher, dass es gern auf Wiesen wächst, wo zu früherer Zeit die Gänse gehütet wurden, die das Blümchen gern fraßen.

Sie gehört zu der Familie

Korbblütler *(Asteraceae)*

So sieht sie aus

Das Gänseblümchen hat als Korbblütler zwei verschiedene Blütenarten in einer Blüte. In der Mitte der Blüte befinden sich die gelben Röhrenblüten, die den Nektar enthalten. Die weißen Zungenblüten umrahmen die Röhrenblüten und können nach einer kalten Nacht morgens an der Unterseite auch rötlich gefärbt sein.
Die spatelförmigen Blätter bilden eine eng am Boden anliegende Blattrosette. Die blattlosen Blütenstängel sind leicht behaart und an ihrem Ende ist immer nur eine Blüte. Das Gänseblümchen wird normalerweise zwischen 5-10 cm hoch.

Hier kann man sie finden

Auf Rasen, Wiesen und an Wegrändern ist das Gänseblümchen zu finden. Es mag es gern sonnig.

Das wird gesammelt

Verwenden kann man das Gänseblümchen von der Blüte bis zur Wurzel, also vollständig. Meist werden die Blüten und die Blätter genutzt.

Dann wird gesammelt

Das Gänseblümchen kann das ganze Jahr über gesammelt werden, wenn es zu finden ist. Im Dezember und Januar ist es eventuell schwieriger zu finden. Die Blüten sieht man von Januar bis November.

Besonderheiten

Das Gänseblümchen schließt seine Blüten, wenn es schlechtes Wetter gibt, und ist daher ein guter Wetteranzeiger. Auch schließt es seine Blüten, wenn es Abend wird.

! Verwechslungsgefahr

Eventuell könnten Gänseblümchen mit **kleinwüchsigen Margeriten** verwechselt werden. Diese gehören aber zu den asternartigen Pflanzen und sind grundsätzlich essbar.

Kleinwüchsige Margeriten

Aua-Öl (traditionell verwendet bei blauen Flecken, Verstauchung und Schmerzen)

Zutaten:
- 200 ml Pflanzenöl (Raps, Olive, Sonnenblume …)
- 1 Handvoll Gänseblümchenblüten und -blätter

Material:
- 1 Marmeladenglas, Sieb, leere, kleine Flaschen, Etiketten, Stift

So geht's:
Die Gänseblümchenblüten und -blätter mit den Händen fein zerzupfen und in das Marmeladenglas geben. Anschließend das Öl zugeben. Das Glas gut verschließen und auf der Fensterbank für einen Monat durchziehen lassen. Jeden Tag das Glas einmal schütteln. Nach vier Wochen das Öl abseihen/sieben und in die kleinen Flaschen füllen. Nun kann man es bei kleinen Verletzungen verwenden, wenn man kein frisches Gänseblümchen zur Hand hat.

TIPP
Dieses Öl hilft auch bei juckender Haut.

Blumiger Brotaufstrich

Zutaten:
- 3 EL frische Gänseblümchenblüten
- 4 EL Frischkäse
- 3 EL saure Sahne
- ein paar Tropfen Zitronensaft
- Salz und Pfeffer

So geht's:
Die Gänseblümchen fein schneiden und mit den restlichen Zutaten verrühren. Anschließend ca. eine Stunde ziehen lassen.

TIPP
Wenn man Gänseblümchen zur Dekoration auf den Aufstrich legen möchte, die Blüten aber geschlossen sind, legt man die Blütenköpfchen ins Wasser und die Blüten gehen auf.

Frischkäse, saure Sahne und Gänseblümchen

fertiges blumiges Brot

Blühender Bellis-Honig

Zutaten:
- Gänseblümchenblüten
- Honig

Material:
- Löffel
- Etikett
- Stift

So geht's:
Die Gänseblümchen mit dem Honig im Honigglas vermischen. Das Glas verschließen und das beschriftete Etikett nicht vergessen. Das Glas einen Monat auf der Fensterbank durchziehen lassen. Der Honig ist wunderbar für Tee oder als Brotaufstrich verwendbar. Dabei können die Blüten im Honig belassen und mitgegessen werden.

Das Gänseblümchen hilft einem als Erste-Hilfe-Mittel bei Insektenstichen, Kratzern und Brennnesselstichen, wenn man das Blümchen zerreibt (besser noch zerkaut) und es auf die entsprechende Stelle legt. Durch seine Gerbstoffe zieht sich die Wunde zusammen und die Keime haben es schwer, in die Wunde einzudringen und sich zu vermehren. Zudem hat es eine entzündungshemmende, abschwellende und schmerzlindernde Wirkung. Es ist zudem ein wunderbares Kinderkraut, da die Menge der Inhaltsstoffe für einen Kinderkörper gut geeignet ist. Es muss nicht geringer dosiert werden, da es schon passt.

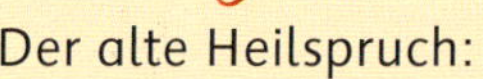

Der alte Heilspruch:

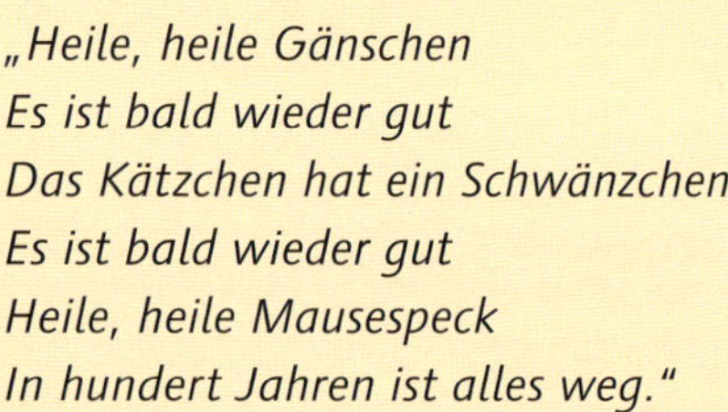

„Heile, heile Gänschen
Es ist bald wieder gut
Das Kätzchen hat ein Schwänzchen
Es ist bald wieder gut
Heile, heile Mausespeck
In hundert Jahren ist alles weg."

zeigt, dass Gänseblümchen gut für Kinder sind denn mit dem Gänschen ist nicht etwa die Gans gemeint!

Guter Gänseblümchenessig

Wenn Sie möchten, können Sie den Essig danach abseihen, das muss aber nicht sein. Der Essig sieht mit den Blüten schön aus! Verwenden können Sie den Essig in der Küche z. B. für Salatsoßen.
Es ist aber auch eine Gänseblümchen-Tinktur auf Essigbasis!

Zutaten:

- 1 Handvoll Gänseblümchen
- 1 TL Honig
- 500 ml Essig

So geht's:
Füllen Sie alle Zutaten in eine Flasche und lassen Sie das Gemisch sechs Wochen ziehen.

Fang das Gänseblümchen

Dieses Spiel kann mit vielen Kindern zusammen gespielt werden.

Material:

- ein Stein pro Kind
- ein Gänseblümchen

So geht's:
Jedes Kind erhält einen kleinen Stein und umschließt ihn mit seiner Hand. Nur ein Kind bekommt eine Gänseblümchenblüte in die Hand. Nun fangen sich die Kinder gegenseitig. Das gefangene Kind muss sein Pfand zeigen: Ist es ein Stein, geht das Spiel weiter, ist es das Gänseblümchen, ist das Spiel beendet und kann von Neuem beginnen.

Haarkranz aus Gänseblümchen

Wann haben Sie sich das letzte Mal aus Gänseblümchen einen Kranz für die Haare gebunden?

So geht's:

1. Pflücken Sie hierfür Gänseblümchen mit möglichst dickem und langem Stängel.
2. In den ersten Gänseblümchenstängel macht man mit dem Fingernagel ein Loch. Durch dieses Loch steckt man das nächste Gänseblümchen und macht in diesen Stängel wiederum ein Loch.
3. Immer so weiter, bis der Kranz lang genug für das Haar ist. Den Kranz kann man nun mit Haarnadeln feststecken oder nur lose auf den Kopf legen.

Blumige Stempel

Material:

- Gänseblümchenblüten und andere Blüten und Blätter
- Stempelkissen, Papier

So geht's:

Die Blüten des Gänseblümchens ergeben, als Stempel genommen, wunderbare Muster auf dem Papier, wenn man sie zuvor auf das Stempelkissen gedrückt hat.

TIPP

Im Herbst sehen aufgeschnittene Äpfel als Stempel sehr schön aus!

MÄRZ

Der Löwenzahn

Im März wächst der Löwenzahn und wir

- hören die **Geschichte** von Tommi und dem Löwenzahn,
- kochen eine leckere **Frühlingswach-Suppe,**
- basteln lustige **Löwenzahn-Tinte,**
- stellen eigenes **Kräutersalz** her,
- experimentieren mit einer **Löwenzahn-Wasserleitung,**
- machen uns einen lieblichen **Löwenzahnhonig,**
- spielen auf einer selbst gemachten **Löwenzahn-Trompete** und
- basteln **Löwenzahn-Kringel.**

SAMMELTIPP

Ab jetzt können die ersten jungen Haselnussblätter für Tees gesammelt werden (siehe Beschreibung im Monat November, (→ S. 87). Auch die Brennnessel (Monat April) und die Blätter des Spitzwegerichs (Monat Juli) sind eventuell schon zu finden.

So heißt die Pflanze

Löwenzahn ✿ *(Taraxacum officinale)*

Man nennt sie noch

Pusteblume, Kuhblume, Butterblume, Sauwurzel, Sonnenwirbel, Wiesenlattich … es gibt mehr als 500 Namen für den Löwenzahn!

Sie gehört zu der Familie

Korbblütler *(Asteraceae)*

So sieht sie aus

Die Blätter des Löwenzahns stehen in einer Blattrosette zusammen und sie haben „Löwenzähne", daher der Name. Dabei sind die „Zähne" je nach Standort wegen des Lichteinfalls und dem Boden mehr oder weniger stark zu erkennen. Die Blüte (ca. 2,5–4 cm Ø) besitzt einen langen, runden Stängel, der hohl ist und aus dem ein ungiftiger Milchsaft läuft. Nach der gelben Blüte entwickelt sich am Stängel schließlich die Pusteblume, also die Samen mit ihren weißen Fallschirmchen (Botaniker, also Pflanzenkundler, sagen hierzu *„Pappus")*.

Hier kann man sie finden

Im Garten, an Wegrändern und am Waldrand, auf Rasenflächen, Wiesen, Äckern und Feldern wächst der Löwenzahn.

Das wird gesammelt

Vom Löwenzahn kann die gesamte Pflanze verwendet und geerntet werden.

Dann wird gesammelt

Die Wurzeln sammelt man von September bis März, die Blüten und Knospen von April bis August, die Blätter von Februar bis November.

Besonderheiten

Der Milchsaft hinterlässt auf Händen und Kleidung braune Flecken, die sich nur schwer entfernen lassen. Daher wurde den Kindern gern erzählt, der Milchsaft sei giftig. Das stimmt aber nicht! In sehr seltenen Fällen könnte der Milchsaft bei Kontakt eine leichte Hautreizung auslösen.

! Verwechslungsgefahr

Zwar gibt es viele gelb blühende Korbblütler wie den Löwenzahn und seine Blätter können je nach Wuchsstandort unterschiedlich aussehen, aber man erkennt ihn gut an dem hohlen, runden, glatten Stängel, aus dem der Milchsaft herauskommt. Eventuell kann man ihn mit dem **Wiesenpippau** *(Crepis biennis)* (der hat aber eine behaarte Mitte der Blattunterseite) oder den **Ferkelkräutern** *(Hypochaeris spec.)* verwechseln, wenn die Blüten noch nicht da sind. Beide Pflanzen sind aber ebenfalls essbar.

Löwenzahnrosette

Tommi und der Löwenzahn

Jetzt sitzt Tommi schon seit fast einer Stunde auf dem Rücksitz im Auto. Es ist Ostermontag und ihm ist sooo langweilig! „Wann sind wir daaaa?", fragt er immer wieder seine Eltern, die vorne im Auto sitzen. „Jetzt dauert es nicht mehr lange, Tommi", sagt seine Mama und setzt den Blinker des Autos. Endlich fährt sie von der Autobahn ab. Papa wacht auf dem Beifahrersitz auf und gähnt. Jetzt erkennt Tommi schon die Häuser am Straßenrand wieder, die er immer sieht, wenn er zu Opa und Oma ins Sauerland fährt. Und wirklich, ein paar Minuten später parkt Mama das Auto vor dem Haus von Oma Angelika und Opa Heinrich. Tommi schnallt sich ab, öffnet die Tür und läuft zur Haustür, denn er darf immer klingeln! Dann hört er Schritte und ein Getrappel hinter der Tür. Sie öffnet sich und Moppel, der kleine Hund von Tommis Oma und Opa, begrüßt Tommi stürmisch. Tommi hat Moppel einen Knochen mitgebracht. Den schnappt sich Moppel und läuft damit hinter das Haus. Tommi rennt hinterher. Hinter dem Haus bleibt er plötzlich stehen. Die große Wiese, die bei seinem letzten Besuch an Weihnachten noch dunkelgrün und grau aussah, ist nun übersät von gelben Punkten und das Gras ist wunderbar grün. Moppel tobt auf der Wiese herum und versucht, den Knochen zu vergraben. Tommi kommt näher, geht auf die Wiese und sieht, dass die gelben Punkte Blumen sind. Sie sitzen auf einem dicken, saftigen Stängel und die grünen Blätter sind lang und gezackt. Diese Blumen hat er auf jeden Fall schon einmal gesehen. Er geht mit der Nase ganz dicht an die Blüte und atmet tief ein … „Hmmmm, das riecht ja wie Honig", denkt Tommi. Schließlich kommt ihm eine Idee: „Bestimmt freut sich Oma über einen Blumenstrauß", sagt Tommi zu Moppel, der zufrieden im Gras liegt. Tommi fängt an, die Blumen zu pflücken. Das geht ganz leicht. Die Stängel lassen sich ganz leicht abbrechen. Immer größer wird der Strauß. Dann sind es für Tommi genug gelbe Blumen und er geht mit Moppel zurück zum Haus. Oma, Opa, Mama und Papa sitzen schon an der Kaffeetafel, als Tommi mit den Blumen zur Tür hereinkommt. Oma ist begeistert: „So viel Löwenzahn! Das ist ja wunderschön!!" Mama holt eine Vase aus dem Schrank und Oma stellt den Löwenzahn hinein. „Weißt du was", sagt Opa Heinrich zu Tommi, „wir machen jetzt aus dem Löwenzahn einen Strohhalm für deinen Saft." Dann nimmt Opa sein Taschenmesser, nimmt eine Löwenzahnblume und schneidet vorsichtig die Blüten oben ab. Die Blüte legt er auf Omas Kuchenstück und den Stängel stellt er in Tommis Saftglas. Tommi ist begeistert! „Jetzt werden aber erst einmal die Hände gewaschen", sagt Mama zu Tommi und schiebt ihn ins Badezimmer. Tommi dreht das Wasser am Waschbecken an und schaut auf seine Hände. „Oh Schreck, was ist denn das?", ruft Tommi. Seine Hände sind voller brauner Flecken!

Er nimmt das Seifenstück und wäscht und wäscht, aber die Flecken wollen nicht verschwinden. Oma kommt ins Badezimmer. Sie hat sich schon gedacht, dass das Händewaschen von Tommi länger dauern würde. Sie kann Tommi beruhigen: „Die braunen Flecken sind der Milchsaft aus den Löwenzahnstängeln! Die gehen nicht mehr so leicht ab, sie sind aber ungiftig!" Dann holt sie die grüne Dose mit Opas Handwaschpaste aus dem Regal. Diese Seife ist mit Sandkörnchen vermischt und riecht so wunderbar nach Marzipan! Die darf Tommi immer nehmen, wenn er mit Opa im Garten war. Nun gehen auch die braunen Flecken wieder von den Händen ab. Mit nach Marzipan duftenden Händen geht Tommi mit Oma zurück in die Stube und trinkt seinen Saft aus einem echten Löwenzahnstrohhalm! Das muss er sofort seinen Freunden erzählen, wenn er wieder zu Hause ist!

Frühlingswach-Suppe: Neunkräutersuppe

Diese Suppe ist bei uns mancherorts auch unter dem Namen Gründonnerstagssuppe bekannt, da sie traditionell an ebendiesem Tag zubereitet wurde. Die Kräuter bringen den Körper auf Trab und versorgen ihn mit wichtigen Nährstoffen und Mineralien.

Für 4 Personen

Zutaten:

- 5 mehlig kochende Kartoffeln
- ½ Wurzelpetersilie oder 2 Möhren
- 5 Frühlingszwiebeln
- 1 Zwiebel
- 1 Knoblauchzehe
- 700 ml Gemüsebrühe
- 2 EL Öl
- 1 Becher Sahne
- Salz und Pfeffer
- 4 Handvoll frische Frühlingskräuter[1]

Material:

- Topf, Messbecher, Sparschäler, Messer, Schere, Rührlöffel

So geht's:

Das Gemüse für die Suppengrundlage waschen, schälen und in kleine Stücke schneiden. In einem Topf mit dem Öl etwas anbraten und dann mit der Brühe ablöschen. Alles ca. 15 Minuten (bis das Gemüse weich ist) bei geschlossenem Deckel köcheln lassen. In der Zwischenzeit die Kräuter fein hacken oder mit der Schere klein schneiden lassen. Nach der Kochzeit den Topf vom Herd nehmen und die Sahne hinzufügen. Anschließend die Kräuter hinzugeben und mit Salz und Pfeffer abschmecken. Fertig ist die Neunkräutersuppe. Wer eine sämige, feine Suppe haben möchte, kann die Suppe jetzt noch mit einem Pürierstab pürieren.

Gemüse für die Suppengrundlage

Neun Wildkräuter

[1] Traditionell nimmt man neun verschiedene Sorten Kräuter, man kann aber auch weniger Sorten nehmen, je nachdem, wie viele man schon kennt und eindeutig bestimmen kann, z. B. Vogelmiere *(Stellaria media* → Januarkapitel), Gänseblümchen *(Bellis perennis* → Februarkapitel), Bärlauch *(Allium ursinum)*, Brennnessel *(Urtica dioica* → Aprilkapitel), Löwenzahn *(Taraxacum officinale* → Märzkapitel), Spitzwegerich *(Plantago lanceolata* → Julikapitel), Schafgarbe *(Achillea millefolium* → Augustkapitel), Franzosenkraut/Knopfkraut *(Galinsoga parviflora)*, Gartenmelde *(Atriplex hortensis)*, Sauerampfer *(Rumex acetosa)*, Weiße Taubnessel und Rote Taubnessel *(Lamium album* oder *Lamium purpureum)*.

Lustige Löwenzahn-Tinte

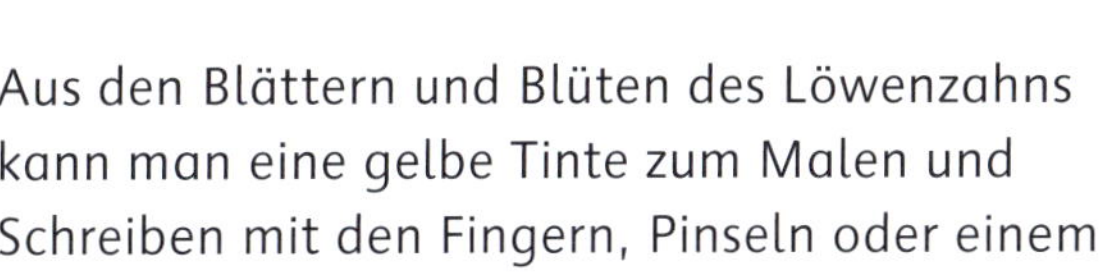

Aus den Blättern und Blüten des Löwenzahns kann man eine gelbe Tinte zum Malen und Schreiben mit den Fingern, Pinseln oder einem Federkiel herstellen.

Zutaten:

- 1 TL Alaun* (aus der Apotheke)
- 100 ml Wasser
- 1 Handvoll frische Löwenzahnblätter und- blüten

Material:

- kleiner Topf, Teelöffel, Esslöffel, Messbecher, Brettchen, Messer

So geht's:

Den Löwenzahn klein schneiden, das Wasser im Topf aufkochen. Alaun und Löwenzahn zugeben und für eine halbe Stunde leicht köcheln lassen. Vor der Verwendung abkühlen lassen. Die Tinte hält sich ungefähr vier Wochen.

TIPP

Für braune Farbe die Wurzeln des Löwenzahns über Nacht in etwas Wasser einweichen und am nächsten Tag für zwei Stunden köcheln und anschließend abkühlen lassen.

ACHTUNG!

* Alaun ist ab einer gewissen Menge giftig. Hantieren Sie also nur selbst damit und sorgen Sie dafür, dass kleinere Kinder die Tinte nicht in die Hände bekommen. Diese ist nur geeignet für Kinder, die sicherlich nicht davon trinken.

Kräutersalz

Zutaten:
- Kräuter (z. B. Löwenzahn, Brennnessel, Schafgarbe, Spitzwegerich)
- Salz
- ggf. Mixer oder Mörser und Stößel

Küchenutensilien:
- Brettchen, Messer ggf. Schere, ggf. Mixer, Rührschüssel, Backblech, Gläser mit Deckel, Etiketten, Stift

So geht's:
1. Kräuter sehr fein schneiden oder im Mixer zerkleinern. Das geht für Kinder mit einer Schere sehr gut.
2. Mit der gleichen Menge an Salz vermischen. Die Mischung auf einem Backblech verteilen und trocknen lassen. Je nachdem, wie viel auf dem Blech ist, kann es mehrere Tage dauern.
3. Ist die Mischung trocken, können Sie sie noch einmal im Mixer zerkleinern oder von den Kindern mit Mörser und Stößel zerreiben lassen und in ein verschließbares Glas füllen. Vergessen Sie die Beschriftung nicht!

Löwenzahn-Wasserleitung

Material:
- dicke Löwenzahnstängel
- eine leere Orangenschalenhälfte
- Becher, Messer, Brettchen
- ggf. Zahnstocher oder Prickelnadel, Knete

So geht's:
1. In die Orangenschalen ein kleines Loch schneiden, in das der Löwenzahnstängel passt. Statt des Messers kann man auch mit einem Zahnstocher ein Loch „prickeln".
2. Die Löwenzahnstängel ineinanderschieben, sodass eine lange Röhre entsteht. Ein Ende in die Orangenschalenhälfte stecken, das andere Ende in den Becher.
3. Wasser in die Schale gießen und zusehen, wie das Wasser in den Becher läuft. Sollten die Teile undicht sein, die Stellen mit etwas Knete abdichten.

Lieblicher Löwenzahnhonig

Zutaten:
- 3 Handvoll Löwenzahnblüten
- 1 Bio-Zitrone, in Scheiben geschnitten
- 1 l Wasser
- 1 kg Gelierzucker

Material:
- Kochtopf, Sieb, Rührlöffel, Gläser, Etiketten, Stift

So geht's:
1. Die Blüten schneiden oder zupfen und mit dem Wasser im Topf zum Kochen bringen. Vom Herd nehmen und über Nacht durchziehen lassen.
2. Am nächsten Tag die Blüten abseihen, dabei diese gut auspressen. Die Flüssigkeit wieder in den Topf geben und die Zitronenscheiben sowie den Gelierzucker hinzufügen. Diese Mischung wieder auf den Herd stellen und vier Minuten kochen lassen.
3. In saubere Gläser füllen, verschließen und das Etikett nicht vergessen.

Löwenzahn-Trompete

Material:
- Löwenzahnstängel
- Schere

So geht's:
Für eine Löwenzahn-Trompete nimmt man ein 5 cm langes Stück Stiel. Diesen Stiel drückt man an einem Ende mit den Fingern platt. Dieses platte Ende nimmt das Kind in den Mund und pustet hinein. Fertig ist die Tröte.

Löwenzahn-Kringel und Strohhalm

Gut als essbare Dekoration im Salat, als Perlen für eine Kette oder nur so als Spaß kann man mit den Kindern Löwenzahn-Kringel machen.

Material:

- Löwenzahnstängel, Schere, Lineal, Faden

So geht's:

1. Hierfür pflückt man lange Löwenzahnstiele und zerteilt sie längsseitig in lange Streifen. Diese legt man in eine Schüssel mit Wasser. Dann fangen die Stielteile an, sich aufzurollen. Der Löwenzahn kringelt sich, weil die Innenseite der Stängel viel Wasser aufnimmt und aufquillt, während die Außenseite des Stängels weniger Wasser aufnimmt.
2. Für die Perlen vom Stängel ca. 3 cm lange Stücke abschneiden und an den Kanten einritzen. Dann ins Wasser legen und die Stücke sich aufkringeln lassen.
3. Anschließend können die Kinder den Faden durch die Kringelperlen ziehen.

TIPP

Die Kinder können den Stängel des Löwenzahns auch als Strohhalm benutzen!

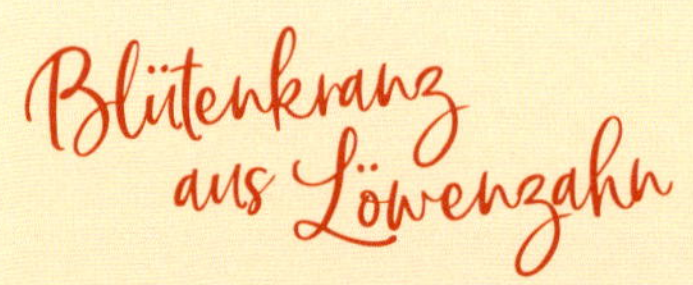

So wie bei den Gänseblümchen auf → S. 26 beschrieben, können die Kinder auch einen Haarkranz aus Löwenzahnblüten machen.

APRIL

Die Brennnessel

Im April schauen wir uns die vielfach unterschätzte Brennnessel an und:

- backen leckere **Knabberchips,**
- mischen ein **Power-Salz,**
- trinken ein **Wilde-Kraft-Elixier,**
- beobachten die **Kinderstube von Schmetterlingen,**
- färben **Wolle,**
- färben **Ostereier,**
- fertigen Dünger und **Antiblattlausmittel** für den Garten an und
- drehen schöne, feste **Schnüre.**

SAMMELTIPP

Ab jetzt im April sind auch schon die Rotkleeblätter (Monat September) zu finden.

So heißt die Pflanze

Große Brennnessel ✿ *(Urtica dioica)*

Man nennt sie noch

Feuerkraut, Nessel, Donnernessel, Hanfnessel, Haarnessel, Saunessel, Nesselmännlein

Sie gehört zu der Familie

Brennnesselgewächse *(Urticaceae)*

So sieht sie aus

Die Stängel sind vierkantig und mit kurzen Brennhaaren besetzt. Die Blätter der Brennnessel sind länglich-herzförmig und haben einen gesägten Blattrand. Ihre Blüten sind sehr unauffällig klein und grün. Es gibt männliche und weibliche Brennnesselpflanzen wobei aber beide ähnlich aussehende Blüten tragen. Daher der lateinische Name *„dioica"* = „zweihäusig" – zwei verschiedene Pflanzen, eine für den Mann und eine für die Frau. Man kann die beiden erst recht spät voneinander unterscheiden: Die männlichen Blüten (rechts) sind winzig klein, hellgrün und kugelrund. Sie stehen angeordnet auf einem dünnen Stängel oft nach oben gerichtet, mindestens aber im rechten Winkel vom Pflanzenstängel ab. Die weiblichen Blüten (links), von denen später auch die Samen (Nüsschen) gesammelt werden, hängen in Büscheln nach unten. Die zunächst grünen Samen werden später braun.

Links weibliche Blüte, rechts männliche Blüte

Hier kann man sie finden

Häufig zu finden ist die Brennnessel in der Nähe von menschlichen Wohnbereichen. Aber auch an Waldrändern, Schuttplätzen, Wegrändern und Gebüschen ist sie zu finden.

Das wird gesammelt

Die oberen sechs Blätter der Pflanze, im Herbst die Samen der weiblichen Pflanzen. Die Blätter lassen sich gut mit einer Schere abschneiden. Ich empfehle, zum Sammeln der Brennnessel Handschuhe zu tragen. Gartenhandschuhe in Kindergröße sind in einigen Garten- und Baumärkten zu finden.

Dann wird gesammelt

Die Blätter sammelt man von März bis Oktober, die Samen von September bis Oktober. Die Sammelzeit ist hier nachmittags und nicht wie sonst üblich morgens, weil die Brennnessel über Nacht Nitrat aus dem Boden aufnimmt, welches nachmittags wieder abgebaut ist.

! Verwechslungsgefahr

Man kann die Brennnessel mit der **Kleinen Brennnessel** *(Urtica urens)* verwechseln. Dies ist aber kein Problem, weil sie die gleiche Wirkung auf uns hat. Ihr Brennen ist nur schmerzhafter. Die **Taubnessel** *(Lamium album)* sieht der Brennnessel vom Wuchs und den Blättern sehr ähnlich. Die Taubnessel schmeckt auch gut. Im Gegensatz zur Brennnessel ist sie „taub", also brennt nicht und hat weiße Lippenblüten. Unten links: Brennnessel, rechts: Taubnessel (erkennbar an den weißen, großen Blüten).

Links Brennnessel, rechts Taubnessel

Knabber-Chips oder Brennnessel-Tempura

Zutaten:

- für Chips: Brennnesselblätter, Öl
- für Tempura: Pfannkuchenteig (siehe Frau Holles Frühstück, → S. 48), Brennnesselblätter, Öl

Material:

- Pfanne, Öl, Pfannenwender, Teller

So geht's:

Frische Brennnesseln können mit ein wenig Öl in der Pfanne ganz kurz knusprig angebraten werden. Die Kinder dabei nicht allein lassen. Das Öl wird sehr heiß. Vor dem Vernaschen abkühlen lassen.

Man kann die Blätter auch vor dem Braten in einem dünnen Pfannkuchenteig (siehe Monat Mai, Holunder, Rezept: Frau Holles Frühstück → S. 48) schwenken, bis sie vom Teig überzogen sind, und sie dann braten. Das wären dann Brennnessel-Tempura. Schmeckt beides super und brennt auch nicht!

Power-Salz

Zutaten:

- Brennnesselsamen, Salz

Material:

- Pfanne, Rührlöffel, kleines Glas, Etiketten, Stift

So geht's:

Brennnesselsamen in der Pfanne bei niedriger Hitze ohne Öl leicht anrösten. Mit der gleichen Menge an Salz mischen, fertig ist das Power-Salz. Es gibt Kraft durch Eisen und andere Mineralstoffe.

TIPP

Wenn die Erkältungswelle kommt und man für sich und die Kinder eine Immunstärkung braucht, kann man die Samen ungeröstet essen. Hierfür gibt man sie ins Müsli, in die Butter oder den Kräuterquark, in den Tee usw. 1–2 TL täglich helfen dem Körper, das Immunsystem zu stärken.

Auch als Snack für zwischendurch auf Wanderungen sind die Samen und gequetschten Blätter der Brennnessel wunderbar geeignet.

Wilde-Kraft-Elixier

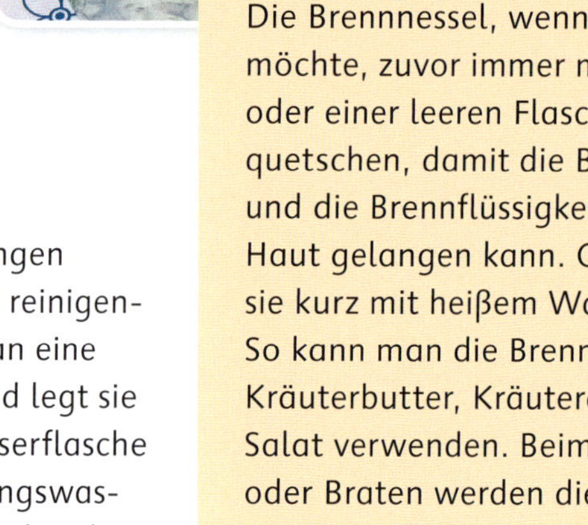

Ein toller Durstlöscher für zwischendurch!

Zutaten:
- junge Brennnesselblätter
- Leitungswasser

Material:
- Glaskaraffe oder Schüssel
- Gläser

So geht's:
Um die Kraft der Brennnessel einzufangen und ein erfrischendes, stärkendes und reinigendes Getränk zu bekommen, nimmt man eine Handvoll junge Brennnesselblätter und legt sie über Nacht in eine Schüssel oder Wasserflasche mit breiter Öffnung in einfaches Leitungswasser. Am nächsten Morgen ist das erfrischende Kraft-Elixier fertig und kann nach dem Abseihen getrunken werden.

Schon gewusst?

Die Brennnessel, wenn man sie roh essen möchte, zuvor immer mit einem Nudelholz oder einer leeren Flasche überrollen und quetschen, damit die Brennhaare brechen und die Brennflüssigkeit nicht mehr in die Haut gelangen kann. Oder man überbrüht sie kurz mit heißem Wasser (blanchieren). So kann man die Brennnessel auch für Kräuterbutter, Kräuterquark oder einen Salat verwenden. Beim Trocknen, Kochen oder Braten werden die Brennhaare auch zerstört, sodass sie zuvor nicht gequetscht werden müssen.

Schmetterlings-Zuhause

Die Brennnessel ist eine sehr wichtige Futterpflanze für viele Schmetterlingsarten. Z. B. legen der Kleine Fuchs, das Tagpfauenauge und das Landkärtchen ihre Eier gern auf eine Brennnessel.

Material:
- Brennnesselstängel mit Schmetterlingsraupen
- Vase, Frischhaltefolie, Tüllstoff

So geht's:
Man kann die Raupen und ihre Entwicklungsstadien zum Schmetterling an der Pflanze gut beobachten. Zunächst sind die Raupen klein und unscheinbar, aber je mehr sie fressen, umso größer und auffälliger werden sie.

Ist der Brennnesselbusch mit den Raupen von der Einrichtung zu weit entfernt, kann man auch einige Brennnesseln mit Raupen pflücken und die Stängel in eine Blumenvase stellen. Die Öffnung der Vase aber mit Frischhaltefolie gut verschließen, damit die Raupen nicht in das Wasser fallen. Die Raupen brauchen täglich frische Brennnesselstängel mit Blättern. Auch ist es ratsam, die Vase in ein Netz aus Tüll oder Fliegengitter zu stellen, damit die Raupen nicht umherwandern.
Nachdem die Raupen sich verpuppt haben, bitte besonders vorsichtig sein. Bei ihrer Verwandlung zum Schmetterling sind sie sehr empfindlich! Bitte die Schmetterlinge kurz nach dem Schlüpfen dort wieder freilassen, wo auch die Eier herkommen.

Wolle färben mit Brennnesseln

Material:

- 3 Handvoll Brennnesselblätter, fein geschnitten
- 4 g Alaun* (aus der Apotheke)
- unbehandelte Wolle oder einen unbehandelten Stoff zum Färben
- 2 Töpfe

So geht's:

1. Die Brennnesseln mit 1,5 l Wasser über Nacht ziehen lassen. Am nächsten Tag den Sud 40 Minuten kochen lassen.
2. Zur Vorbereitung der Wolle oder des Stoffs wird zunächst eine Beize angesetzt: In einem Topf das Alaun in etwas Wasser auflösen und dann mit 1 l kochendem Wasser übergießen. Die Wolle oder den Stoff in die Beize legen und langsam erwärmen (nicht kochen!). So lange in der Beize liegen lassen, bis das Wasser lauwarm ist.
3. Die Wolle herausnehmen, leicht ausdrücken und in den heißen Brennnesselsud legen. Eine Dreiviertelstunde im warmen Sud (weiter erwärmen) ziehen lassen. Anschließend abkühlen lassen.
4. Um einen kräftigeren Grünton zu erhalten einfach ein paar rostige Nägel zum Farbsud geben.

Schon gewusst?

Brennnesselblätter kann man wie Spinat zubereiten. Dafür die frischen Blätter mit ein wenig Wasser im Topf erhitzen, bis die Blätter zusammenfallen (blanchieren). Mit Salz und Pfeffer oder auch Knoblauch würzen. Aus diesem Spinat kann man nun eine Füllung für eine Gemüselasagne oder Gemüsekuchen zubereiten. Man kann in gängigen Rezepten anstelle von Spinat Brennnesseln nehmen. Oder auch mit Spinat mischen.

ACHTUNG!

* Alaun ist ab einer gewissen Menge giftig. Hantieren Sie also nur selbst damit und sorgen Sie dafür, dass kleinere Kinder keinen Zugang zu dem Farbsud haben.

Färben von Ostereiern, Pinselfarbe und Kinderschminke

Material:

- Brennnesselblätter
- Wasser, Topf, evtl. rostige Nägel
- fürs Eierfarben: Eier
- für die Malfarbe: Pinsel
- für die Schminke: Speisestärke

So geht's:

1. Nehmen Sie ca. vier Hände voll frischer Brennnesseln und schneiden Sie sie klein.
2. Geben Sie die klein geschnittenen Brennnesseln in einen Topf mit 1 l Wasser. Um die Farbintensität zu erhöhen, gibt man ein paar kleine, rostige Gegenstände (z. B. Schrauben oder Nägel) hinzu.
3. Lassen Sie die Mischung über Nacht ziehen.
4. Am nächsten Morgen wird die Mischung erhitzt und man lässt sie ca. 40 Minuten köcheln. Anschließend abseihen und die Flüssigkeit in einem Topf auffangen.

In diese Flüssigkeit kann man nun die zimmerwarmen Eier hineinlegen und erneut aufkochen, um sie zu verfärben. Für dunkelgrüne Eierschalen die Eier ca. 20 Minuten kochen lassen, für hellgrüne einfach früher herausnehmen.

TIPP

Schön sieht es aus, wenn man die rohen Eier vor dem Kochen mit Kräuterblättern belegt und mithilfe einer Nylonstrumpfhose stramm auf die Schale bindet. Dafür das Ei mit dem Blatt in die Strumpfhose legen und beide Enden der Strumpfhose stramm am Ei zuknoten. Jetzt im Farbsud kochen. Die Stelle des Blattes wird nicht gefärbt und ergibt ein schönes Muster auf dem Ei.

Um mit Brennnesseln oder einer der anderen unten genannten Pflanzen eine Kinderschminke herzustellen, wird der kalte Farbsud mit Speisestärke vermischt, bis sich eine flüssige Paste ergibt. Diese kann man dann mit Pinsel oder Finger auf die Haut streichen. Ohne Speisestärke kann man den Farbsud auch zum Malen auf Papier benutzen.

TIPP

Weitere Färbepflanzen für Eier, Schminke und Malfarbe sind:

Braun	Eichenrinde, Haselnussblätter, Kaffee, Tee, Zwiebelschalen
Grün	frisches Gras, Spinat, Johanniskraut, Schachtelhalmkraut, Mate
Rot	Hibiskusblüten, Rote Bete, Rotkohlblätter, roter Malventee, schwarze Johannisbeeren
Blau	Holunderbeeren, Heidelbeeren
Gelb	Birkenblätter, Holunderblätter, Safran, Kamillenblüten
Orange	Karotten

Wenn man eine dunklere Farbe bekommen möchte, legt man einen rostigen Eisennagel in den Farbsud. Wenn man es lieber heller möchte, gibt man Essig in den Farbsud.

Brennnesseldünger und Antiblattlausmittel

Wenn der Garten der Kinder etwas Schwung (also Dünger) braucht oder die Blattläuse den Pflanzen das Leben schwer machen, kann man gut auf die Brennnessel zurückgreifen. Sie enthält so viele wertvolle Stoffe, die die Pflanzen zum Wachsen benötigen und damit als Dünger gegeben werden können. Gleichzeitig mögen Blattläuse z. B. an Rosen die Inhaltsstoffe der Brennnessel nicht.

Material:

- Brennnesseln
- Wasser
- Eimer mit Deckel
- langer Stock zum Umrühren
- Sprühflasche

So geht's:

Antiblattlausmittel

1. Geben Sie 5 l Wasser in den Eimer und legen Sie 500 g frische Brennnessel dazu. Wenn Sie keine frischen Brennnesseln mehr haben, können Sie auch 100 g getrocknetes Kraut nehmen.
2. Nach einer Ziehzeit von 24 Stunden gießen Sie das Wasser in ein Gefäß ab und drücken die Brennnesseln gut aus.
3. Dieses Pflanzenwasser füllen Sie in eine Sprühflasche und besprühen damit direkt die Blattlaustellen an der Pflanze drei Tage hintereinander einmal täglich.

Dünger

Hierfür muss die Wasser-Brennnessel-Mischung erst gären. Die Gärung führt zu einer Geruchsbildung, die nicht angenehm ist. Stellen Sie diesen Dünger, auch als „Jauche" bezeichnet, also bitte nicht direkt im oder am Haus der Einrichtung her, sondern lieber weiter weg im Garten.

1. Geben Sie, wie oben, auch 500 g Brennnesseln auf 5 l Wasser.
2. Decken Sie den Eimer luftdurchlässig ab, z. B. mit einem Tuch oder einer durchlöcherten Folie. Füllen Sie den Eimer bitte nicht bis oben zum Rand mit Wasser, da die Mischung bei der Gärung schäumt. Lassen Sie die Brennnessel-Wasser-Mischung in der Sonne stehen und lassen Sie sie täglich von den Kindern einmal umrühren. Je nach Temperatur ist der Dünger nach 14 Tagen fertig. Sie erkennen das daran, dass die Mischung nicht mehr schäumt.
3. Man kommt mit dem Dünger sehr weit, weil die Mischung 1:20 verdünnt wird, das heißt, man nimmt ein Glas des Düngers und gibt 20 Gläser frisches Wasser hinzu. Hiermit gießt man die Pflanzen nun etwas.

Jauche

Schöne Schnüre drehen

In dem Märchen „Die wilden Schwäne" von Hans Christian Andersen wird mit Brennnesseln genäht. Die sieben Brüder eines Mädchens werden in Schwäne verzaubert und nur das Mädchen kann den Zauber lösen. Dafür muss sie innerhalb von sieben Jahren aus Brennnesseln sieben Hemden nähen und darf dabei nicht ein einziges Wort über die Lippen bekommen. Das Mädchen wird in den sieben Jahren hart auf die Probe gestellt, denn es darf nicht sprechen, auch wenn ihr Unrecht geschieht. Am Ende schafft sie es bis auf einen Ärmel eines Hemdes, aus Brennnesseln zunächst einen Faden zu spinnen, daraus Stoff zu weben und aus letzterem die Hemden zu nähen. Einer ihrer Brüder behielt für den Rest seines Lebens einen Arm in Form eines Schwanenflügels.

Die Stängel der Brennnessel werden noch heute zu Nesselstoff, aus dem man auch Kleidung nähen kann, und zu Nesselseilen verarbeitet. Das Wort „Nessel" kommt vom althochdeutschen Namen „nezzlia" und bedeutet „Netz". Aus den Fasern der Brennnesseln wurden schon früher Seile und Netze hergestellt.
Kinder können ganz einfach Schnüre oder auch Armbänder aus den Fasern der Brennnessel flechten.

Material:

- Brennnesselstängel
- Steine zum Weichklopfen

So geht's:

Die Stängel von den Blättern befreien und die Stängel zwischen den Steinen weich klopfen. Wenn sich die ersten Fasern/Stränge lösen, diese vorsichtig auseinanderziehen. Die Fasern zum Trocknen aufhängen oder gleich weiterverarbeiten. Wenn sie getrocknet wurden, vor dem Verarbeiten in Wasser wieder einweichen. Für Armbänder die Fasern an einem Ende zusammenbinden und umeinanderdrehen. Dabei die einzelnen Fasern vor dem Miteinander-Verdrehen selbst auch noch nach außen drehen, dann ist die Schnur stabiler. Wenn die Kinder schon flechten können, können sie dies ebenfalls mit den Brennnesselfasern machen.

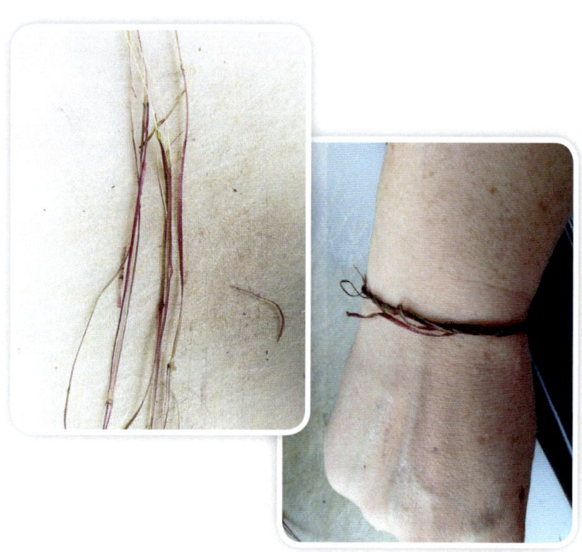

Schon gewusst?

Warum hat diese Pflanze Brennhaare?
Um sich vor Fressfeinden zu schützen, hat die Brennnessel sich etwas Besonderes einfallen lassen: Sie besitzt auf ihren Blättern und am Stängel sogenannte Brennhaare. Dies sind kleine Spitzen aus Kieselsäure, die mit einer ameisensäurehaltigen Flüssigkeit gefüllt sind. Auch haben diese Spitzen eine Sollbruchstelle, d. h., eine Stelle ist besonders dünn, damit sie leicht abbricht. Berührt man nun so eine Spitze mit der Haut, bricht sie an dieser Stelle ab und ist hier so scharf, dass sie sich in die Haut bohrt und die brennende Flüssigkeit abgibt. Das führt nicht nur zu Schmerz und Brennen, es bilden sich auch Quaddeln, also kleine Hautreaktionen, die unangenehm sind.
Wenn man die Brennnesselblätter vom Stängel her nach außen streichelt, dann piksen die Brennhaare nicht!

MAi

Der Schwarze Holunder

Nun im Mai lassen sich Holunderblüten sammeln, deswegen schauen wir hier genauer hin und

- erzählen das Märchen von Frau Holle mit **Geschichtensäckchen,**
- spüren den Mariechen aus dem Märchen mit **Musikinstrumenten** nach,
- basteln eine **Waldzwerg-Perlenkette,**
- gehen auf eine **Fantasiereise** unterm Holunderbusch,
- **frühstücken** wie Frau Holle,
- stellen **Elfentrank** alias Hollerlimonade her,
- basteln **Waldzwerg-Stifte,**
- fertigen **Holunderbeerensaft** an und
- schreiben mit Frau Holles **Märchentinte.**

SAMMELTIPP

Jetzt im Mai kann man mit den Kindern auch schon Rezepte aus jungen Brombeerblättern, die im Kapitel Oktober aufgeführt sind, herstellen. Auch findet man im Mai schon weitere Pflanzen, die erst in den späteren Kapiteln beschrieben sind. Schauen Sie mal im Sammelkalender nach.

So heißt die Pflanze

Schwarzer Holunder ✿ *(Sambucus nigra)*

Man nennt sie noch

Fliederbeere (in Norddeutschland), Holler, Holder, Holderbusch, Ellhorn, Alhorn, Elder

So sieht sie aus

Der Holunder wächst strauch- oder baumartig. In guten Lagen kann er ca. 6,5 m hoch werden, aber eben auch nur so groß wie ein Strauch mit vielen Verästelungen. Sein Stamm und die Äste sind verholzt und haben eine rissige Rinde. Nur die jungen Zweige sind grün und saftig.
Die Blüten sind weiß und sehen aus wie eine Dolde. Es sind aber beim genauen Betrachten keine echten Dolden. Daher werden die Blüten als „Scheindolden" oder „Trugdolden" bezeichnet. Nach der Blüte entstehen zunächst grüne Beeren. Im August zur Erntezeit haben sich die Beeren dann dunkelviolett (fast schwarz) gefärbt.
Ein Blatt des Holunders besteht aus mehreren Einzelblättchen. Diese Form nennt man beim Holunder „unpaarig gefiedert", weil die Einzelblättchen eine ungerade Anzahl ergeben (fünf bis sieben Blättchen an einem Blatt). Der Blattrand der Einzelblättchen ist nicht glatt, sondern weist kleine Zacken auf und wird daher als „gezähnt" bezeichnet.

Hier kann man ihn finden

Der Holunder ist eine Pflanze der Hecke. Er wächst aber auch in sonstigen Gebüschen und lichteren Wäldern und an Waldrändern. Früher gehörte zu jedem Hof ein sogenannter „Hofholunder", sodass man ihn auch noch auf vielen Bauernhöfen in Haus-Nähe findet.

Das wird gesammelt

Die Blüten und die Beeren werden gesammelt.

Dann wird gesammelt

Die Blüten sammelt man ab Ende April bis Juni, die Beeren sind im August und September reif.

Besonderheiten

Der Holunder hat einen für ihn typischen Geruch.
Alle grünen Bestandteile und auch die reifen Holunderbeeren sind roh leicht giftig. Das darin enthaltene Glykosid Sambunigrin zersetzt sich aber bei einer Temperatur ab ca. 80°C. Daher sollte man die Beeren nur gekocht essen. Sonst führen sie eventuell zu Brechreiz oder Durchfall.

! Verwechslungsgefahr

Verwechselt werden kann der Schwarze Holunder mit dem **Zwerg-Holunder**, der auch **Attich** *(Sambucus ebulus)* genannt wird. Man erkennt den Attich daran, dass er keine verholzten Stängel, sondern nur grüne Zweige hat. Der Attich wird nicht oder nur selten in der Küche verwendet. Seine Beeren eignen sich aber ebenfalls hervorragend zum Herstellen von Farbe. Der Attich ist bei uns sehr selten zu finden.
Des Weiteren gibt es noch den **Roten Holunder** *(Sambucus racemosa)*. Er ist auch unter den Namen Bergholunder, Traubenholunder oder Hirschholunder bekannt. Seine Beeren am Strauch stehen eher aufrecht und die Beeren sind rot gefärbt. Auch die Beeren des Roten Holunders kann man, nachdem sie gekocht und die Kerne entfernt wurden, in der Küche verwenden

Märchen von Frau Holle

Material:

- Märchen von Frau Holle
- 1 Stoffbeutel
- 2 kleine Wollknäule (für die Spindeln, die in den Brunnen fallen)
- 2 Äpfel
- 2 Brötchen
- 1 kleines Kissen
- Wattebausch
- 1 glitzernde Münze oder golden glitzernder, langer Bindfaden
- 1 schwarzer, langer Bindfaden
- ggf. ein Hahn aus Kunststoff/Holz (Bauernhofspielzeug) oder ein Bild von einem Hahn

So geht's:

Wer kennt nicht das Märchen von Frau Holle, die die fleißige Goldmarie belohnt und die faule Pechmarie bestraft? Es ist für Kinder zusätzlich spannend, wenn Sie die Geschichte mit einem kleinen Geschichtensäckchen begleiten.

1. Setzen Sie sich mit den Kindern in den Kreis und beginnen Sie, die Geschichte vorzulesen.
2. Während des Erzählens nehmen Sie die Gegenstände an den entsprechenden Stellen des Märchens zur visuellen Unterstützung aus dem Stoffbeutel und legen sie, für alle gut sichtbar, in die Kreismitte.
3. Lassen Sie die Kinder bei nächster Gelegenheit die Geschichte selber erzählen – immer ein Kind darf einen Gegenstand herausholen, in die Mitte legen und den passenden Teil der Geschichte dazu erzählen.

TIPP

Zur Unterstützung kann auch ein Brot aus dem Märchen von Frau Holle gebacken werden. Ein kinderleichtes Rezept ist im Kapitel Spitzwegerich (Monat Juli, → S. 59) aufgeführt. Hier kann man den Spitzwegerich einfach durch getrocknete Holunderbeeren oder die klein geschnittenen Erzähl-Äpfel ersetzen. Getrocknete Holunderbeeren, wenn man nicht genug selbst trocknen konnte, kann man auch in der Apotheke unter der Bezeichnung *„Fructus Sambuci"* oder im Reformhaus nachkaufen. Sie sind auch eine wunderbare Zugabe in den Früchtetee.

Musik-Mariechen

Material:

- verschiedene Instrumente (Klanghölzer, Rasseln, Trommeln …)

So geht's:

Legen Sie die Instrumente in die Mitte und lassen Sie die Kinder sich in den Kreis setzen. Alle Kinder, die bereits dem Märchen gelauscht haben, können nun versuchen, die Stimmung des Märchens mit den Instrumenten nachzuahmen.

Das Schütteln der Betten durch Goldmarie klingt fröhlich und heiter, das Schütteln durch Pechmarie eher lustlos und langsam. Helle Glöckchen und Rasseln könnten den Schnee darstellen, der aus Goldmaries Kissen fällt. Dumpfe Trommeln und tiefe Töne der Klangstäbe passen eher zu dem langsamen von Pechmarie.

Welche Klanghölzer und Rasseln klingen tief und dunkel, welche im Gegenteil eher hell? Sprechen Sie mit den Kindern drüber, wie sich die Töne anfühlen, was sie ausdrücken können. Gibt es weitere Instrumente, mit denen man Gefühle und Stimmungen ausdrücken kann?

Waldzwerg-Perlenkette

Die Tatsache, dass die Zweige hohl sind, kann man sich zunutze machen und aus den Zweigen einfache Perlen herstellen.

Material:

- Gartenschere oder kleine Säge, Lineal, Stricknadeln (nicht zu dünn) oder dicken Draht, Schnur, ggf. Filzstifte oder Wasserfarbe oder Prickelnadeln

So geht's:

Suchen Sie an einem Holunderbusch mit den Kindern unterschiedlich dicke Zweige aus. Immer wieder die Zweige miteinander vergleichen. Schneiden Sie diese mit der Gartenschere ab und zerteilen Sie sie in kleine ca. 2–3 cm lange einzelne Stücke. Achten Sie darauf, dass die Astverzweigungen nicht Teil der Perlen sind. Dabei können die Kinder immer wieder mit einem Lineal die Perlenstückchen nachmessen. Nun können die Kinder mit den Stricknadeln das weiche, weiße Mark in der Mitte der Holzstücke vorsichtig herausschieben. Die entstandenen Holunderringe können die Kinder auf einen Faden auffädeln und eine Waldzwerg-Perlenkette daraus herstellen. Die Ringe können auch mithilfe einer Prickelnadel verziert oder mit Farben bemalt werden.

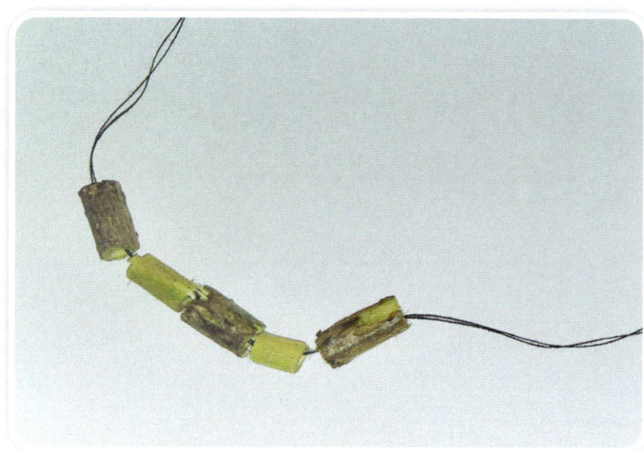

(Fantasie-)Reise ins Land der Elfen

„Ich habe davon gehört, dass man, wenn man zur Sommersonnenwende am 21. Juni unter einem Holunderbusch sitzt, die Möglichkeit haben kann, die Elfenkönigin mit Gefolge zu sehen … und wenn man nachts unterm Holunderbusch sitzt, könnten demjenigen Zwerge und Kobolde begegnen. …"

Kinder sind in ihrer magischen Phase begeistert von magischen Geschichten. Vielleicht kann man Kinder über diesen Weg für den Holunder und das Spielen in der Natur begeistern? Die Kinder können es ausprobieren (egal zu welchem Zeitpunkt des Jahres) und sich in kleinen Gruppen abwechselnd unter den Holunder setzen, die Augen schließen und träumen. Anschließend können sie sich gegenseitig erzählen, was sie auf ihrer Fantasiereise erlebt oder wen sie getroffen haben. Oder sie reisen zusammen, indem sie sich gegenseitig erzählen, was sie gerade gemeinsam auf ihrer Reise erleben.

Vielleicht nutzen Sie die Stimmung der Kinder für eine kleine Fantasiereise, Entspannungsgeschichte oder eine kurze Einheit mit autogenem Training. Fragen Sie die Kinder, wie es an dem Ort ist, an dem sie sich gerade befinden. Wie sieht es dort aus? Was für Dinge gibt es dort? Wie sehen sie aus? Farben und Formen? Wonach riecht es? Kann man etwas hören?

Wenn die Kinder eine kleine Unterstützung für ihre Fantasiereise benötigen, kann folgende Traumreise helfen. Lesen Sie den Text langsam vor und machen Sie bewusste Pausen an den markierten Stellen:

Der gelbe Vogel

Setze dich unter den Holunder in das Gras. ✿ Du kannst dich auch hinlegen, wenn du es lieber magst, ✿ probiere aus, bis du bequem liegst oder sitzt. ✿ Schließe deine Augen. ✿ Kannst du das Gras unter dir spüren? ✿ Deine Hände liegen auf deinen Beinen oder neben deinem Körper. ✿ Mit jedem Atemzug hebt und senkt sich dein Brustkorb ✿ ganz langsam auf und ab. ✿ Deine Beine liegen auch ganz locker und du kannst den Boden unter dir spüren. ✿ Deine Füße und Hände sind schön warm. ✿ Du atmest tief ✿ ein und aus. ✿ Du bist ganz ruhig. ✿ Du spürst deinen Atem, wie er in deinen Körper fließt. ✿ Atme ein ✿ und atme aus. ✿ Ganz langsam beginnt deine Reise. ✿ Du bist ganz ruhig und entspannt. ✿

Stell dir vor, du sitzt auf einer wunderschönen Wiese unter einem Holunderbusch. ✿ Um dich herum sind bunte Blumen: ✿ rote und gelbe, ✿ blaue und lilafarbene, ✿ weiße … ✿ und sie duften so wunderbar! ✿ Es riecht süß und angenehm, ✿ atme einmal ganz tief diesen blumigen Duft ein. ✿ Da! ✿ Ein Vogel! ✿ Er zwitschert und trillert im Holunderbusch über dir, ✿ ganz leise. ✿ Du stehst auf, um den Vogel zu sehen – ✿ da sitzt er ✿ ein kleiner, gelber Vogel. ✿ Ganz zart sieht er aus. ✿ Der Vogel sieht dich mit seinen kleinen, runden, schwarzen Augen an, ✿ er nickt dir freundlich zu und neigt den Kopf leicht zur Seite. ✿ Schau dir den Vogel in Ruhe an und höre zu, wie er für dich singt. ✿ Der kleine Vogel hüpft durch die Zweige auf dich zu, ✿ langsam flattert er zu einem Sitzplatz aus Zweigen, der mitten im Holunderbusch entstanden ist, ✿ gerade groß genug für dich und den Vogel. ✿ Die Sitzfläche ist aus blühenden Holunderzweigen geflochten, ✿ sie duften so schön süß, kannst du die Blüten riechen? ✿ Streiche mal mit deinen Fingern die Blätter entlang, ✿ kannst du fühlen, wie weich sie sind? ✿ Die Blüten leuchten weiß im Sonnenlicht und sind wunderschön anzusehen. ✿ Der kleine Vogel setzt sich auf einen Zweig am Sitzplatz. ✿ Du kletterst langsam hinauf zum Vogel und setzt dich auf die Sitzfläche in den Holunderzweigen, ✿ ganz weich und bequem ist es hier. ✿ Du kannst dich entspannt anlehnen. ✿

Der kleine, gelbe Vogel setzt sich auf deine Schulter. ✿ Zusammen mit dem Vogel schaust du durch die Zweige hindurch in die Ferne, ✿ entlang an grünen, saftigen Wiesen. ✿ Viele bunte Blumen wachsen dort ✿ und die Luft, die du einatmest, ist ganz frisch und trotzdem angenehm warm. ✿ Du kannst die verschiedenen Blumen bis hier oben hin riechen: ✿ die lilafarbenen Veilchen, ✿ die weißgelben Gänseblümchen, ✿ den gelben Löwenzahn, ✿ sie duften so wunderbar süß. ✿ Atme die Luft tief ein. ✿ Erfreue dich an den bunten Farben, dem Duft und dem Gesang der Vögel um dich herum. ✿ Atme noch einmal ganz tief ein. ✿ Kleine, bunte Vögel fliegen um euch herum. ✿ Immer mehr zwitschernde, kleine Vögel kommen und begrüßen euch. ✿ Auch dein gelber Vogelfreund zwitschert leise mit. ✿

Langsam wird es Zeit, wieder zurückzugehen. ✿ Der kleine, gelbe Vogel auf deiner Schulter stupst dich vorsichtig an, ✿ er singt dir etwas zu und du weißt, dass du ihn immer wieder besuchen darfst. ✿ Dann kletterst du wieder den Holunder hinunter. ✿ Setz dich wieder unter den Holunderbusch auf den Platz, auf dem du ganz am Anfang gesessen hast. ✿ Atme tief ein und aus. ✿

Komme nun langsam von deiner Reise zurück, ✿ spüre deinen Körper. ✿ Bewege deine Füße und Hände langsam, ✿ atme ganz tief ein und aus, ✿ strecke Beine und Arme aus, ✿ schüttele sie vorsichtig etwas aus ✿ und rekle dich. ✿ Öffne nun langsam deine Augen. ✿ Atme noch einmal tief ein und aus. ✿ Du bist nun wieder ganz wach und entspannt.

Frau Holles Frühstück

Zutaten:

- 12 Holunderblütendolden, leicht abgeschüttelt, aber nicht gewaschen
- Teigzutaten:
  - 4 Tassen Mehl
  - 1 Tasse Milch
  - 2 EL Zucker und
  - 4 Eiern
- neutrales Pflanzenöl zum Ausbacken

(Für Alternativen von Ei, glutenhaltigen Mehlen und Milch siehe → S. 10)

Material:

- Pfanne, Pfannenwender, Schüssel, Schneebesen oder Löffel, Tassen und Esslöffel zum Abmessen

So geht's:

1. Die Kinder können die Teigzutaten mit der Tasse abmessen und in die Schüssel füllen. Alle Teigzutaten können sie nun mit dem Schneebesen kräftig verrühren.
2. Stellen Sie, ohne dass die Kinder dabei zu nahe kommen, die Pfanne mit dem Öl auf eine Herdplatte und schalten Sie diese an. Ist das Öl heiß, nehmen Sie die Dolden am Stiel und schwenken sie im Teig. Lassen Sie sie über der Teigschüssel leicht abtropfen und backen Sie sie dann im heißen Öl in der Pfanne wie einen Pfannkuchen. Da das Fett spritzen könnte, dürfen die Kinder bei diesem Schritt nicht mitmachen. Sie könnten in der Zeit beispielsweise schon einmal Teller und Besteck zum Essen holen und auf den Tisch stellen.

TIPP

Es ist hilfreich, jetzt einige Holunderblütendolden zu ernten und zu trocknen. Denn ein Tee aus Holunderblüten kann im Winter helfen, wenn das Immunsystem in der Erkältungszeit angeschlagen ist.

Ganz begeistert sind Kinder, wenn Sie mit ihnen einfache Hustenbonbons herstellen, in denen die getrockneten Holunderblüten verwendet werden. Das Rezept ist beim Spitzwegerich im Monatskapitel Juli aufgeführt (→ S. 64).

Elfentrank – Hollerlimonade

Jetzt im Mai steht die Natur in vollem Grün. Zeit, ein bisschen zu feiern. Als eine Alternative zur klassischen Maibowle für Kinder aus Apfelsaft und Waldmeister bietet sich ein Elfentrank an.

Zutaten:

- Holunderblüten
- Bio-Zitronen
- Honig
- Wasser

Material:

- Wasserkrug, Brett, Messer, Teelöffel, Kühlschrank

So geht's:

1. Schütteln Sie die Blütendolden leicht aus, um die Insekten zu entfernen. Bitte nicht waschen, denn sonst geht der kostbare Blütenstaub (Geschmacksgeber) verloren. Die Dolden können die Kinder in einen großen Wasserkrug geben.
2. Lassen Sie die Zitronen von den Kindern in Scheiben oder Stücke schneiden und ebenfalls in den Krug geben. Mit frischem Wasser auffüllen und über Nacht im Kühlschrank ziehen lassen.
3. Am nächsten Tag ggf. abseihen und mit einem Teelöffel Honig oder Holundersirup süßen. Sehr erfrischend! Man kann statt Wasser natürlich auch Apfelsaft nehmen, wenn die Kinder es gern fruchtiger mögen.

TIPP

Wenn die Limonade den Kindern gut schmeckt, aber die Holunderblütenzeit sich dem Ende neigt, kann man mit den Kindern einen kleinen Vorrat anlegen. Aus der Limonade kann man auch einen einfachen Sirup kochen, um den Holunderblütengeschmack das ganze Jahr für Limonade vorrätig zu haben.

Interessant ist der Vergleich im Herbst, wenn man den Geschmack der Blüten mit dem der Beeren vergleichen kann.

Schon gewusst?

Dieser alte Abzählreim handelt vom Holunder. Vielleicht möchten Sie ihn mit den Kindern lernen:

Ringel, Ringel, Reihe,
sind der Kinder dreie,
sitzen unterm Hollerbusch,
machen alle husch, husch, husch!

Waldzwerg-Stifte

Der Holunder hat in seinem Zweig-Inneren einen Hohlraum, der mit einem leichten Material gefüllt ist. Dieses Mark lässt sich leicht mit einer Stricknadel herausschieben oder zusammendrücken. Bei frischen Ästen ist es leichter als bei trockenen Zweigen.

Material:

- Gartenschere oder kleine Säge
- Lineal
- Stricknadeln (nicht zu dünn) oder dicken Draht
- Schere
- dicke Bleistiftminen oder besser Kugelschreiberminen, ggf. Filzstifte oder Wasserfarbe oder Prickelnadeln
- Papier

So geht's:

1. Suchen Sie an einem Holunderbusch mit den Kindern fingerdicke Zweige. Die Kinder können die Zweige dafür immer wieder mit ihrem eigenen Finger vergleichen. Ohne Unterstützung der Kinder schneiden Sie dann die entsprechenden Zweige mit einer Gartenschere oder einer kleinen Säge ab und zerteilen sie in unterschiedlich lange Stücke. Die Kinder können sich ein schönes Stück davon aussuchen, vielleicht mit einem kleinen Seitenzweig. Bei der Auswahl können die Kinder immer wieder mit einem Lineal nachmessen und die Stücke miteinander vergleichen.
2. Nun können die Kinder mit den Stricknadeln das weiche, weiße Mark in der Mitte der Holzstücke vorsichtig zusammenschieben. Dafür drücken sie die Nadel so tief in den Stock, wie es geht und drehen die Nadel dann vorsichtig. Man muss es mehrfach wiederholen, damit eine gute Röhre im Stiftinneren entsteht.
3. Nun stecken die Kinder mit Ihrer Hilfe die Mine in die entstandene Röhre und fertig ist der Waldzwerge-Stift)!

Wenn die Röhre nicht tief genug geworden ist, könnten Sie die Mine mit der Schere vorsichtig kürzen und dann hineinschieben.

Die Stifte können auch mithilfe einer Prickelnadel verziert oder mit Farben bemalt werden.

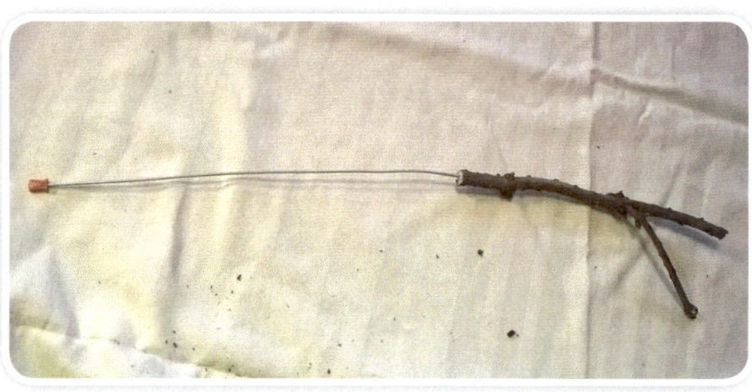

Tierfreundlicher Tipp

Insektenbehausungen

Übrig gebliebene Zweige und Zweigstücke sind, als Bündel zusammengebunden, eine wunderbare Insektenbehausung und Baumaterial für Wildbienen, Ohrwürmer und Käfer. Das Bündel einfach an einen Zaun hängen oder in eine Astgabel eines Baumes klemmen, fertig.

Grundrezept Holunderbeerensaft

Ende August werden die reifen, schwarzen Beeren geerntet. Sie stecken voller Vitamine, die Kinder wie Erzieher*innen gut durch den Winter bringen können. Auch aus den Beeren kann man wunderbare Dinge zubereiten. Hierbei achten Sie bitte darauf, die Beeren nicht roh zu essen, denn das führt zu Magenschmerzen. Gekocht sind sie aber gut verträglich. Zudem färben sie wunderbar Kleidung und Hände …

Für Holunderbeerensaft, den man trinken oder aus dem man Farben herstellen kann, werden lediglich zwei Zutaten benötigt.

Zutaten:
- 4 Tassen Holunderbeeren
- 2 Tassen Wasser

Material:
- Topf, Rührlöffel, große Schüssel, Geschirrtuch

So geht's:
1. Die Kinder füllen die Zutaten in einen hohen Topf und stellen ihn auf den Herd. Nun wird die Mischung erhitzt und ca. zehn Minuten gekocht. Mit dem Rührlöffel können die Kinder vorsichtig die Beeren zerstampfen.
2. Das Geschirrtuch wird in der Schüssel flach ausgelegt, sodass die Ränder über den Schüsselrand hängen. Ist die Mischung im Topf ausreichend abgekühlt, wird sie in das Tuch gegossen. Die vier Spitzen des Tuches werden nach oben zusammengenommen und das Tuch über die Schüssel gehoben. Der Saft läuft in die Schüssel.
3. Die Kinder können mit den Händen oder dem Löffel die Beeren im Tuch noch ausdrücken.

Der Saft hält sich so nur wenige Tage.

TIPP

Wenn die Zeit mal zu knapp ist, kann man auch Holundersaft oder Holunder-Muttersaft (konzentrierter) im Supermarkt, einer Drogerie oder im Reformhaus kaufen.

TIPP

Wenn es draußen stürmt und die Kinder etwas Warmes trinken möchten, kann man aus dem obigen Rezept einfach einen Kinderpunsch zubereiten, indem man den Holundersaft zur Hälfte mit Apfelsaft vermischt und mit Glühwein-Gewürz aufkocht. Oder man kann aus dem Saft auch ein Gelee für das Frühstücksbrot kochen.

Frau Holles Märchentinte

Zutaten:

- 1 Tasse Holundersaft
- 2 TL Tafelessig
- 1 gestrichener TL Salz

Material:

- leeres, sauberes Marmeladenglas mit Deckel
- Teelöffel
- Malkittel für jedes Kind

Die Beeren des Holunders geben eine wunderbare violette Farbe ab. Den Saft der Beeren kann man auch zum Färben von Eiern, Wolle, Stoffen und Lebensmitteln verwenden. Ein Rezept hierfür ist im Kapitel „Die Brennnessel" zu finden. (→ S. 39/40) Die Zwergholunder-Beeren *(Sambucus ebulus)* ergeben eine noch intensivere Farbe.

Eine Besonderheit des Holundersaftes (und des Rotkohls) ist es, dass er nach Zugabe von Natron oder Essig, die Farbe wechseln kann. Gibt man in ein Glas mit Holundersaft Essig oder Zitronensaft, wird er rot; gibt man stattdessen etwas Natron (Natriumhydrogenkarbonat, Backnatron) hinzu, wird der Saft blau. Das ergibt tolle Effekte auf Bildern, wenn man etwas Natron oder Zitronensäurepulver auf die noch feuchte Farbe streut.

Um eine rötliche Tinte herzustellen, die mit Federkielen oder mit einfachen Stöckchen auf Papier verstreichbar ist, werden nur wenig Zutaten benötigt.

So geht's:

1. Lassen Sie jedes Kind einen Malkittel überziehen.
2. Die Kinder geben die Zutaten in das Glas und verschließen es gut. Dann darf jedes Kinder der Reihe nach gut schütteln, bis das Salz im Holundersaft gelöst ist.
3. Und schon kann das Malen losgehen.

Durch das Salz und den Essig hält sich die Tinte ungefähr einen Monat.

TIPP

Fingerfarbe

Dickt man Holundersaft mit etwas Kleister an (200 ml Saft/5 g Tapetenkleister), bekommt man eine gute Farbe, die mit Pinseln oder Fingern (färbt auch die Haut) verteilt werden kann. Eine gelblich-grüne Farbe bekommt man, wenn man aus den Holunderblättern einen Sud kocht.
Leider halten sich die Naturfarben im flüssigen Zustand nur wenige Tage.

TIPP

Schminke

Das Schminkfarbenrezept im Brennnessel-Kapitel (April, → S. 40) kann man auch mit Holundersaft abwandeln.

JUNI

Das Johanniskraut

Im Juni zum Johanni-Fest ist Zeit für die Johanniskraut-Blüte und wir …

- lesen das **Märchen** vom Teufel und dem Johanniskraut,
- stellen **Gute-Laune-Rotöl** her,
- rühren Marlenes **Feenzucker** zusammen,
- stellen sonnige **Johanniskrautseife** her,
- mischen eine leckere **Unkraut-Blüten-Butter,**
- basteln **Zauberfarbe,**
- fertigen eine köstliche **Blüten-Bowle** zur Sommersonnenwende und
- spielen **„Wer hat Angst vor der Kräuterhexe?".**

SAMMELTIPP

Auch wenn die Rose bzw. ihre Frucht, die Hagebutte, in diesem Buch erst im Dezember besprochen wird: Schauen Sie dort jetzt schon einmal nach, was man alles mit Rosenblüten machen kann! Auch könnten die Schafgarbe (Monat August) und der Rotklee (Monat September) schon blühen.

So heißt die Pflanze

Johanniskraut ✿ *(Hypericum perforatum)*

Man nennt sie noch

Hartheu, Tüpfel-Johanniskraut, Echtes Johanniskraut

Sie gehört zu der Familie

Johanniskrautgewächse *(Hypericaceae)*

So sieht sie aus

Das Johanniskraut hat einen zweikantigen Stängel und ist recht hart, daher auch der Name Hartheu. Die Blätter sind eiförmig und haben auf der Unterseite kleine, schwarze und auch durchscheinende, helle Pünktchen. Letztere kann man gut sehen, wenn man das Blatt gegen das Licht hält. Daher auch der lateinische Name *„perforatum"* von „perforiert, durchlöchert".
Seine strahlend gelben Blüten mit fünf Blütenblättern erinnern an die Sonne. Auch ihre Ränder sind mit schwarzen Pünktchen versehen. Es sind keine einzelnen Blüten, sondern sie sind doldenartig am oberen Pflanzenende angeordnet. Ein gutes Merkmal ist der rote Farbstoff, der entsteht, wenn man die Blüten zwischen den Fingern zerreibt, (→ dieser Farbstoff färbt das sogenannte „Rotöl" rot).

roter Farbstoff

Hier kann man sie finden

An sonnigen Standorten auf Magerwiesen, Wald- und Wegrändern, Bahndämmen und Böschungen wächst das Johanniskraut.

Das wird gesammelt

Geerntet werden die oberen Pflanzenteile mit Blüten, Knospen, Fruchtkapseln und ein paar obere Blätter.

Dann wird gesammelt

Die Hauptblütezeit ist in der Regel zu Johanni (24. Juni), daher der Name Johanniskraut. Also kann im Juni bis Anfang September gesammelt werden.

Besonderheiten

Das Johanniskraut gilt als Lichtsammler und sammelt, wie die Maus „Frederik" im Kinderbuch von Leo Lionni, die Sonnenstrahlen für den Winter. Die Verwendung von Johanniskraut kann bei empfindlichen Menschen die Lichtempfindlichkeit erhöhen. Man reagiert mit seiner Haut dann stärker auf Sonneneinstrahlung. Auch kann Johanniskraut die Wirkung mancher Medikamente abschwächen oder verstärken. Dies gilt insbesondere, wenn man Johanniskraut innerlich hochdosiert über einen längeren Zeitraum einnimmt. Bei der Verwendung des Rotöls auf kleiner Hautoberfläche hat man aber nichts zu befürchten.

! Verwechslungsgefahr

Es gibt weltweit etwa 400 Arten Johanniskraut. Das Tüpfel-Johanniskraut, das wir hier verwenden, erkennt man an dem Rote-Finger-Trick und daran, dass die zwei Kanten des Stängels nach jedem Blattansatz um 90 Grad versetzt sind. Die anderen Johanniskrautarten hierzulande haben ebenfalls die gleiche Heilwirkung, nur nicht so stark wie das *Hypericum perforatum.* Eventuell kann man auf den ersten Blick das Johanniskraut auch mit dem **Jakobs-Kreuzkraut** verwechseln, obwohl sowohl die Blätter als auch die Blüten ganz anders aussehen. Zwar haben beide eine leuchtend gelbe Blüte und die gleiche Blütezeit, die Blüte des Jakobs-Kreuzkrauts ist aber ein Korbblütler und hat die Blütenform wie ein Gänseblümchen, nur in vollständig gelb. Seine Blätter ähneln denen der Disteln, nur ohne Stacheln.

Der Teufel und das Sonnenkraut

Im Saarland erzählt man sich dazu folgende Geschichte:
Ein Mädchen wurde vom Teufel verfolgt und hatte Angst. Da es wusste, dass das Johanniskraut viele Kräfte besitzt, setzte es sich auf eine solche Pflanze. Der Teufel wurde wütend, denn die Kraft des Johanniskrauts war zu stark und er schrie: „Johanniskraut, du verfluchtes Kraut, du hast mir entführt meine Braut". In seiner Wut nahm er eine Nadel und stach immer wieder auf die Blätter des Krauts ein.

Dem Teufel half das nichts, aber seitdem hat das Johanniskraut Löcher in seinen Blättern! In Wahrheit sind in dem Johanniskrautblatt aber keine Löcher, sondern kleine Bereiche, in denen sich durchsichtiges Öl sammelt und die daher durchscheinend sind.

Gute-Laune-Rotöl

Dieser Ölauszug kann auch zur Salbenherstellung (siehe Lieblicher Lippenbalsam im August-Kapitel über die Schafgarbe → S. 72) verwendet werden. Obwohl es die Lichtempfindlichkeit mancher Personen erhöht, ist es gleichzeitig ein wunderbares Mittel bei leichten Verbrennungen und Sonnenbrand. (Bitte mit dem Öl auf der verletzten Haut trotzdem nicht direkt in starke Sonneneinstrahlung gehen.) Es hilft aber nicht nur bei leichten Verbrennungen, sondern auch bei Wunden und zur Narbenpflege. Des Weiteren wird es heute noch zur Heilung von Nervenverletzungen und Verstauchungen verwendet.

Material:
- den oberen Teil des Johanniskrauts (Blüten, Knospen, Blätter, frische, aber nicht nasse)
- Olivenöl oder Raps-, Distel- oder Sonnenblumenöl
- sauberes, trockenes Schraubdeckelglas
- kleines Tuch
- Gummiband oder Bindfaden

So geht's:
1. Die Pflanzenteile klein schneiden und in das Schraubdeckelglas füllen.
2. Mit dem Öl übergießen, bis alle Teile bedeckt sind, und dann mit dem Tuch und dem Faden/Gummi die Glasöffnung verdecken und auf die Fensterbank in die pralle Sonne stellen. Das Beschriften bitte nicht vergessen (Zutaten, Datum).
3. An jedem Tag das Glas leicht schwenken. Nach einer Woche – die Feuchtigkeit in den Blättern konnte nun verdunsten – kann das Tuch durch den Deckel des Glases ausgetauscht werden. Das Öl färbt sich durch den Wirkstoff Hypericin rot, daher der Name des Öls.
4. Nach weiteren fünf Wochen ist das Öl fertig und kann durch ein Sieb in eine saubere Flasche gefüllt werden. Die Flasche beschriften. Das Öl hält sich ca. ein Jahr.

Marlenes Feenzucker

Zutaten:

- Blüten von Johanniskraut
- Klee, Gänseblümchen u.Ä. (siehe Liste essbarer Blüten auf → S. 12)
- Zucker

Material:

- Brettchen, Messer/Schere, ggf. Mixer
- Etiketten und Stift

So geht's:

Die Blüten sehr fein schneiden oder im Mixer zerkleinern. Mit der gleichen Menge an Zucker vermischen. Die Mischung auf ein Backblech verteilen und trocknen lassen. Je nachdem, wie viel auf dem Blech ist, kann es mehrere Tage dauern. Ist die Mischung trocken, noch einmal im Mixer zerkleinern und in ein verschließbares Glas füllen. Die Beschriftung nicht vergessen!

Sonnige Johanniskrautseife

Zutaten:

- 2 EL getrocknete und fein gemahlene gelbe und orangefarbene Blüten (Johanniskraut, Sonnenblume, Ringelblume, Löwenzahn …)
- 80 g Kernseife
- 1 TL Johanniskrautöl (Rotöl)
- 10 Tr. ätherisches Zitronenöl
- 3 EL heißes Wasser

Material:

- Reibe, Schüssel

So geht's:

Lassen Sie die Kinder die Zutaten abmessen und die Seife reiben. Dann können die Kinder alle Zutaten miteinander vermischen und sie zu Kugeln formen. Nun muss man Geduld haben, denn die Seifen müssen acht Wochen lang trocknen.

Unkraut-Blüten-Butter

Zutaten:
- Blüten von Johanniskraut, Löwenzahn, Gänseblümchen, Klee
- 2 Becher Schlagsahne
- Honig oder Kräutersalz

Material:
- Messer, Brettchen, Schale, Löffel, 2 Marmeladengläser

So geht's:
1. Die Blüten sehr fein schneiden.
2. Die Sahne auf die beiden Gläser verteilen, gut verschließen und los geht das Butterschütteln: Lassen Sie die Kinder der Reihe nach die Marmeladengläser kräftig schütteln (ca. 10–15 Minuten). Schnell merkt man beim Schütteln, dass die sahnige Flüssigkeit fester wird. Die Kinder dürfen gern zwischendurch einmal nachschauen! Nachdem die Sahne zunächst steif geschüttelt wurde, wird daraus nun Butter.
3. Gießen Sie die Buttermilch ab und geben Sie den Kindern davon ein bisschen zum Probieren.
4. Vermischen Sie die Blüten mit der weichen Butter.

Wenn es eine süße Butter sein soll, geben Sie nun etwas Honig, sonst etwas Kräutersalz hinzu. Wer möchte, kann die Butter zu Kugeln formen und in klein geschnittenen Blütenblättern wälzen, das macht den Kindern viel Spaß und sieht wunderbar aus!

Zauberfarbe: Aus gelb wird rot!

Material:
- Johanniskrautblüten
- Wasser
- Mörser mit Stößel
- Pinsel

So geht's:
Geben Sie die gelben Blüten in den Mörser und lassen Sie sie von den Kindern mit dem Stößel zerquetschen. Geben Sie etwas Wasser hinzu. Die Farbe können Sie mit dem Pinsel auf Papier auftragen und damit malen.
Wenn die Farbe zu hell ist kann man auch direkt die Blüten auf das Papier drücken.

Blüten-Sommersonnenwend-Bowle

Am 21. Juni wird die Sommersonnenwende gefeiert. Es ist der längste Tag im Jahr. Ab diesem Tag wird die Nacht wieder länger als der Tag. Bekannt ist dieses Fest in Skandinavien als Mittsommer. Für dieses Ereignis kann man eine Blüten-Sommersonnenwend-Bowle machen.

Zutaten:

- essbare Blüten, wie Johanniskraut, Gänseblümchen etc. (siehe Liste essbarer Blüten auf → S. 12)
- tiefgefrorene Himbeeren, Heidelbeeren, Brombeeren
- Leitungswasser

Material:

- Glaskaraffe

So geht's:

Die Kinder füllen frisches Leitungswasser in eine Schüssel und legen frische oder tiefgefrorene Himbeeren, Johannisbeeren, Heidelbeeren oder Brombeeren hinein. Diese Schüssel stellt man in die Sonne und lässt darin viele essbare bunte Blüten, z. B. von Johanniskraut, Ringelblume, Klee, Gänseblümchen und Schafgarbe, schwimmen. Nach zwei Stunden in der Sonne kann man dieses Blütenelixier trinken.

TIPP

Besonders magisch wird die Bowle, wenn man einen Kristall, z. B. Bergkristall, Rosenquarz oder Amethyst, mit in die Bowle legt. Aber bitte aufpassen, dass sich niemand daran verschluckt!

Wer hat Angst vor der Kräuterhexe?

Sprechen Sie mit den Kindern darüber, was eine Kräuterhexe ist und ob man Angst vor Hexen haben muss. In Anlehnung an ein bekanntes, traditionelles Kinderspiel, können Sie dann draußen oder im Turnraum gemeinsam dieses Laufspiel spielen.
Zunächst wird ein Kind zur Kräuterhexe gewählt. Diese geht nun auf die eine Seite des Raumes oder Spielfeldes, während sich die anderen auf die andere Seite stellen, und ruft ganz laut: *„Wer hat Angst vor der Kräuterhexe?"* Die anderen Kinder antworten dann zusammen: *„Niemand!"* Und dann sagt die Kräuterhexe wieder: *„Und wenn sie kommt?"* Dann antworten die Kinder: *„Dann laufen wir!"* Jetzt müssen alle Kinder gleichzeitig versuchen, auf die andere Seite des Raumes bzw. Spielfeldes zu kommen, ohne von der Kräuterhexe gefangen zu werden. Jedes gefangene Kind wird automatisch ein*e Helfer*in der Hexe und darf in der nächsten Runde mit fangen. Gewonnen hat das Kind, welches zuletzt gefangen wurde. Dieses Kind darf dann die Kräuterhexe sein.

TIPP

Man kann für ältere Kinder den Schwierigkeitsgrad erhöhen, indem die Kinder andere Fortbewegungsarten auswählen und rufen, beispielsweise: *„Dann hüpfen wir auf einem Bein!"* oder *„Dann krabbeln wir!"* oder *„Dann laufen wir rückwärts!"*. Sowohl die Kräuterhexe als auch die Kinder müssen dann auf dieser Art und Weise die andere Seite erreichen bzw. die Kinder fangen.

JULI

Der Spitzwegerich

Im Juli ist es Zeit für den Spitzwegerich! Wir

- lesen die **Geschichte** von Merle und dem König des Weges,
- beobachten den **Wegerich-Wettlauf,**
- stellen ein **Wegerich-Wunder-Wundenspray** vor,
- machen einen **Hustenzwerge-Sirup,**
- stellen eigene **Bonbons** her,
- backen einen **grün-gelben Kuchen,**
- spielen **„Denkt euch nur, der Frosch ist krank"** und
- lassen in einem kleinen **Experiment** Spitzwegerichsamen quellen.

SAMMELTIPP

Jetzt ist die Hauptsammelzeit von Heilpflanzen! Von Johanni bis zum 15. August (Kräuterweihe/Mariä Himmelfahrt) werden die meisten Kräuter gesammelt und als kleine Sträuße, die sogenannten „Kräuterbüsche", zusammengebunden.

So heißt die Pflanze

Spitzwegerich ✿ *(Plantago lanceolata)*

Man nennt sie noch

Schlangenzunge, Adelgras, Spießkraut, Heufresser, Heuschelm, Lungenblattl, Ritz, Hasenohr, Fünfaderkraut

Sie gehört zu der Familie

Wegerichgewächse *(Plantaginaceae)*

So sieht sie aus

Der Spitzwegerich bildet mit seinen Blättern eine Rosette. Die Blätter haben keinen Stiel und sind spitz, schmal und lanzettlich (die Form einer Lanze). Daher der Name „*lanceolata*". Sie erinnern in ihrer Form auch an Hasenohren. Auffällig sind seine langen Mittelrippen, also die hervorstehenden Längsstreifen auf der Blattrückseite.
Die Blüte sitzt an einem langen Stiel und sieht dicht und lang-eiförmig aus. Die Blüten sind unauffällig. Gut erkennen kann man sie, wenn die milchig-weißen Staubblätter der Blüte hervorkommen. Der Spitzwegerich wird ungefähr 20 bis 40 cm groß. Zerreibt man die Blätter, kann man einen leicht nach Pilz riechenden Duft wahrnehmen.

Hier kann man sie finden

Er wächst an Wegrändern, Wegen, in Pflastersteinritzen, auf Wiesen und Schuttplätzen.

Das wird gesammelt

Hauptsächlich werden die Blätter, die Blüten und die Samen gesammelt.

Dann wird gesammelt

Die Blätter sammelt man von März bis November, die Blüten von April bis September und die Samen von Juli bis Oktober.

! Verwechslungsgefahr

Eventuell kann man den Spitzwegerich mit dem **Mittleren Wegerich** *(Plantago media)* verwechseln. Seine Blätter sind breiter und die Blüte länger. Da auch dieser Wegerich ungiftig ist, stellt die Verwechslung keine Gefahr dar.

Mittlerer Wegerich

Blüte Spitzwegerich

Merle und der König des Weges

Merle saß auf dem Boden und zog sich ihre Wanderschuhe an. Papa hatte gesagt, sie wollten heute einen Ausflug aufs Land machen und dort spazieren gehen. Hoffentlich wird das nicht wieder so langweilig, weil die Erwachsenen sich die ganze Zeit unterhalten und ich niemanden zum Spielen habe, dachte Merle.
Weiter kam sie mit ihren Gedanken nicht, denn Mama kam mit dem Picknickrucksack an ihr vorbei und legte ihn ins Auto. Auch Merle hatte einen eigenen Rucksack. Dort hatte Mama ihre Trinkflasche und Äpfel hineingelegt.
Wenige Minuten später waren sie schon im Auto unterwegs. Nach einer halben Stunde parkte Papa das Auto auf einem Wanderparkplatz. Da waren noch mehr Menschen und warteten. Merle stieg mit ihren Eltern aus und ging zu der Gruppe. „Puh, zum Glück sind noch andere Kinder da!“ stellte Merle erleichtert fest. Und da ging es auch schon los. Eine Frau stellte sich mit ihrem Namen vor. Sie hieß Hildegard. Merle kicherte ein bisschen, als sie diesen Namen hörte. Hildegard ging vorweg und alle anderen folgten ihr, bis sie zu einer Wiese kamen. Hier durfte Merle mit den anderen Kindern Fangen spielen, während Hildegard den Erwachsenen etwas erzählte. Als alle Kinder wieder bei ihren Eltern waren, fragte Hildegard sie, ob sie hier einen König finden könnten. Merle sah sich suchend um: „Ein König? So mit Krone und Mantel? Aber die Erwachsenen sahen alle gleich aus.“ Hildegard sagte, er sei klein und hätte keine Krone auf. „Aha, sehr klein.“ Merle schaute vorsichtig unter ihre dicken Schuhe. Nicht, dass sie den König zertrampelt hatte.
Hildegard sagte zu Merle: „Ja, ganz richtig, du bist auf dem richtigen Weg, Merle!“ – „Aber da kleben nur ein paar grüne Punkte an meiner Sohle, da ist kein König“, antwortete Merle. „Doch“, sagte Hildegard und setzte sich mit den Kindern an den Wegesrand. Sie zeigte ihnen eine Pflanze mit breiten, flachen Blättern und grünen, winzig kleinen Blüten an einem langen Stängel, die Merle vorher noch nicht bemerkt hatte. Daneben war noch eine Pflanze, die gleich aussah, nur dass die Blätter ganz lang gezogen waren. Hildegard erklärte den Kindern, dass die erste Pflanze „Breitwegerich“ heißt und zusammen mit ihrem Bruder, dem Spitzwegerich, auch „Könige des Weges“ genannt werden. „Jeder läuft auf ihnen herum und es macht den beiden gar nichts aus. Im Gegenteil! Dadurch, dass wir und die Tiere darauf herumlaufen, bleiben ihre Samen an den Schuhen und Pfoten kleben wie bei Merle und werden ganz weit weg getragen, wo sie dann wieder als Pflanze aus dem Samen wachsen können“, führte Hildegard aus. Das war aber spannend, dachte Merle, ich verteile Könige mit meinen Schuhen! Hildegard erzählte noch weiter: „In den USA nennt man den Spitz- und den Breitwegerich auch ‚Die Fußstapfen des weißen Mannes‘, weil diese Pflanzen von Menschen aus Europa durch ihre Schuhe und die Hufe ihrer Pferde bis in die USA gebracht wurden, wo es diese Pflanzen vorher gar nicht gab. Die Wissenschaftler nennen die Wegeriche auch ‚Plantago‘, was soviel heißt wie ‚Fußsohle‘ und wir nennen ihn ‚Wege-rich‘. ‚Rich‘ kommt von ‚Rex‘, was König bedeutet. Also sind sie wirklich die Könige des Weges!“ Als die Kinder und Hildegard wieder aufstanden, um weiterzugehen, kratzte sich Merle ein paar grüne Samen von der Sohle ihrer Schuhe und steckte sie sich in ihre Hosentasche. „Ich werde auch Könige aussäen zu Hause“, sagte Merle sich und lief den anderen hinterher. Was sie wohl noch alles auf dem Spaziergang mit Hildegard erfahren würde?

Wegerich-Wettlauf

Material:

- Lineal
- Stöcke
- wasserfester Stift
- Fotoapparat
- Plakatpapier
- Klebstoff

So geht's:

Der Spitzwegerich wächst so schnell, dass man zuschauen kann. Fast jedenfalls.
Wenn man einen Spitzwegerich mit noch ganz kleinen, am Boden befindlichen Blütenständen findet, kann es losgehen.

1. Die Kinder stecken ganz dicht neben der Blüte einen kleinen Stock in die Erde. Nun messen sie die Länge der Blüte mit dem Lineal nach und markieren die Länge am Stöckchen im Boden. Dies kann man als Wettlauf gestalten, indem man noch eine weitere Blüte so präpariert.
2. Nun knipsen die Kinder ein Beweisfoto und sind fertig für den ersten Tag. Ab jetzt können sie jeden Tag verfolgen, wie schnell der Blütenstiel wächst. Das können bis zu 3 cm pro Tag sein! Hierfür müssen sie immer wieder nachmessen, am Stöckchen markieren und fotografieren.
3. Auf dem Plakatpapier kleben sie die Fotos auf und schreiben die Zahlen dazu, sodass alle Kinder der Einrichtung diesen Wettlauf verfolgen können.

Wegerich-Wunder-Wundenspray

Zutaten:

- ca. 3 TL Spitzwegerichblätter
- Wasser
- ätherisches Lavendelöl

Material:

- Wasserkocher, Schüssel, ggf. kleine Sprühflasche oder Wattestäbchen, Etikett, Stift

So geht's:

Man kocht aus dem klein gezupften Spitzwegerich einen starken Tee (3 TL Blätter auf 250 ml kochendes Wasser, zehn Minuten ziehen lassen) und gibt nach dem Abkühlen in 2 ml Tee 2 Tr. ätherisches Lavendelöl. Mit einem Wattestäbchen betupft man die Wunde, den Insektenstich oder die Brennnesselbrennstelle. Für unterwegs kann man diese Mischung auch in eine kleine Sprühflasche füllen. Auch wunderbar bei Sonnenbrand oder leichten Verbrennungen zu benutzen!

TIPP

Noch schneller als **Erste Hilfe** sozusagen, kann das Kind, wenn man unterwegs gestochen wird, einfach ein Spitzwegerichblatt zwischen den Fingern zerreiben und auf die Stichstelle legen. Das hilft übrigens auch beim Brennen durch Brennnesseln! Wenn man keinen Spitzwegerich findet, kann das Kind auch ein Gänseblümchen verwenden.

Gold der Hustenzwerge – Hustensirup aus der Erde

Zutaten:

- 1 große Handvoll Spitzwegerichblätter
- 1 Glas flüssiger Honig (ca. 500 g)

Material:

- Messer/Schere
- Brettchen
- großes Glas
- Kunststofftüte
- flaches Holzbrett
- Spaten
- Etikett
- Stift
- Zollstock/Maßband

So geht's:

1. Die Kinder schneiden die Blätter klein und schichten sie abwechselnd mit dem Honig in ein Einmachglas. Dabei beginnen und enden sie jeweils mit Honig. Die Blätter müssen vollständig mit Honig bedeckt sein. Das Glas muss sehr gut verschlossen, beschriftet und in eine Kunststofftüte gewickelt werden.
2. Jetzt kommt der anstrengende Teil: Im Garten graben die Kinder ein Loch von ungefähr 80 cm Tiefe. Dort hinein stellen sie das Glas in der Tüte und bedecken es mit einem Holzbrett. Dann verschließt man das Loch wieder mit Erde und markiert die Stelle eindeutig.
3. Nun ruht der Sirup für drei Monate in der Erde. Hier ist die Temperatur konstant und der Hustensirup kann so reifen. Nach drei Monaten gräbt man das Glas vorsichtig wieder aus. Das Holzbrett hilft dabei, dass man das Glas beim Ausgraben nicht beschädigt

TIPP

Dieser Honigauszug ist bei hustenden Kindern sehr beliebt. Es schadet aber auch allen anderen Kindern nicht, ihn zum Süßen vom Frühstückstee oder Kinderpunsch zu verwenden. Generell sollte Honig bei Kindern unter einem Jahr nicht verwendet werden!

Simones Spitzwegerich-Bonbons

Zutaten:
- 2 EL Spitzwegerich
- 100 g Xylit

Material:
- Topf
- Backpapier
- Backblech
- 2 Löffel
- Schere

Wenn in der Einrichtung der Husten umhergeht, kann man mit den Kindern ganz einfach ein paar Hustenbonbons herstellen. Dafür benötigt man Xylit (zahnfreundlich), das ist Birkenzucker, den es im Reformhaus oder im Bioladen zu kaufen gibt. In größeren Mengen kann Xylit abführend wirken. Bei einer Menge von ca. 10 g Xylit/Kind ist aber nichts zu befürchten.

So geht's:
1. 2 EL Spitzwegerich entweder fein schneiden lassen, wenn er frisch ist, oder den getrockneten Spitzwegerich mit den Fingern zerbröseln.
2. 100 g Xylit in einen Topf geben und auf dem Herd schmelzen lassen. Das geht recht schnell. Und er ist sehr heiß!
3. Den geschmolzenen Birkenzucker vom Herd nehmen und den Spitzwegerich einrühren.
4. Mit dem Löffel kleine Kleckse der Masse auf etwas Backpapier geben und erkalten lassen. Fertig sind die Hustenbonbons.

TIPP

Wenn man zusätzlich das Immunsystem stärken möchte, kann man etwas von den im Mai getrockneten Holunderblüten mit untermischen.

Grün-gelber Kuchen

Mit den Kindern können Sie einen grün-gelben Marmorkuchen mit Spitzwegerich backen.

Zutaten:

- 2–3 Handvoll Spitzwegerichblätter
- 160 g weiche Butter
- 4 Eier
- 200 g Zucker
- 350 ml Milch
- 300 g Dinkelmehl
- 1 Päckchen Backpulver
- 1 Bio-Zitrone

Material:

- Topf
- Pürierstab
- Schüssel
- Rührlöffel oder Handrührgerät
- Kuchenform
- Schere
- feine Reibe

So geht's:

1. Den Spitzwegerich fein schneiden lassen, mit etwas Wasser aufkochen und drei Minuten garen. Anschließend pürieren.
2. Für den Rührteig Zucker, Eier und Butter schaumig verrühren. Mehl und Backpulver mischen und zusammen mit der Milch und Zitronensaft sowie dem Schalenabrieb in die Eimasse geben und unterrühren.
3. Die Kuchenform fetten und mit Mehl ausstäuben. Den Teig in zwei Portionen teilen. Einen Teil mit dem Spitzwegerichpüree vermischen. Beide Teigsorten abwechselnd in die Kuchenform füllen.
4. Den Kuchen im vorgeheizten Backofen bei ca. 180°C für 40–50 Minuten backen lassen.

Denkt euch nur, der Frosch ist krank!

Der Frosch ist krank und hat einen schlimmen Husten! Hier kann der Spitzwegerich helfen!

Material:

- Augenbinde oder längliches Tuch

So geht's:

Für das Spiel stellen sich alle Kinder in einen Kreis. Nur ein Kind geht in die Mitte des Kreises. Dies ist das Spitzwegerichkind, das nun herausfinden muss, welcher der Frösche im Kreis krank ist. Dem Kind in der Mitte werden die Augen verbunden und es wird um die eigene Achse gedreht. Ein Kind aus dem Kreis ist der kranke Frosch, der hustet, wenn das Spitzwegerichkind sagt: *„Denkt euch nur, der Frosch ist krank"*. Anhand des Hustens und der Richtung muss nun das Kind versuchen, den kranken Frosch zu erkennen.

Schon gewusst?

Wahrsager-Wegerich

Man nutzte den Wegerich auch als Orakelpflanze. Wenn man ein Blatt quer durchreißt, schauen oft die Blattadern als Fäden am Blattrand heraus. Diese Anzahl wurde gern als Anzahl zukünftiger Kinder oder als die Anzahl der gemachten Lügen an dem Tag interpretiert. Der Fantasie sind da keine Grenzen gesetzt …

Kleines Experiment: Spitzwegerich quellen lassen

Material:

- Spitzwegerichsamen
- Schalen mit Wasser
- Fotoapparat

So geht's:

Der Spitzwegerich ist mit dem Flohsamen verwandt, der für sein starkes Quellvermögen bekannt ist. Wenn man die Samen vom Spitzwegerich von Stiel abstreift und in eine Wasserschale legt, quellen diese ebenfalls innerhalb weniger Minuten auf und werden ganz glibberig. Ein toller haptischer Effekt für Kinder!

Wenn die Kinder vorher und nachher Fotos von den Samen machen, können sie ganz besonders gut beobachten, wie sich die Samen verändert haben und das Wasser in die Samen gezogen ist.

Flohsamen

AUGUST

Die Schafgarbe

Im August ist es Zeit für die Schafgarbe und wir …

- lesen die **Geschichte,** wie der Schäfer zum König wurde,
- spielen **„Ich seh das Kraut, das du nicht siehst“,**
- schlemmen **Sonjas Sonnensalsa,**
- kochen leckere **Flaschentomaten** ein,
- backen krümelige **Kräuterkekse** und
- stellen einen lieblichen **Lippenbalsam** her.

SAMMELTIPP

Jetzt mal nach reifen Holunderbeeren Ausschau halten! Im Kapitel des Monats Mai sind auch Rezepte für die Beeren des Schwarzen Holunders aufgeführt. Erinnern Sie sich? Auch die ersten Brombeeren (Monat Oktober) könnten schon reif sein.

So heißt die Pflanze

Schafgarbe ✿ *(Achillea millefolium)*

Man nennt sie noch

Zimmermannskraut, Wiesen-Schafgarbe, Nasenbluter, Blutstellkraut, Bauchwehkraut, Josefskraut, Augenbraue der Venus, Allheilkraut, Schafzunge, Katzenschwanz, Tausendblättriges Soldatenkraut

Sie gehört zu der Familie

Korbblütler *(Asteraceae)*

So sieht sie aus

Auch wenn sie auf den ersten Blick wie ein Doldenblütler aussieht, ist sie doch ein Korbblütler, dessen einzelne weiße oder rosafarbene Blütenköpfchen nur doldenartig gewachsen sind. Das Wort „*millefolium*" in seinem Namen heißt „Tausendblättrige", was wohl auf seine feinen, gefiederten Blätter hinweist. Die Blätter der Schafgarbe bilden eine Blattrosette aus. Später wächst ein zäher, harter Stängel, auf dem sich die Blüten bilden. Sie kann 60–80 cm groß werden.

Blütenfarben

Es gibt weiße Blüten und seltener auch rosa blühende Schafgarbe.

Hier kann man sie finden

Auf Wiesen, Wegen, Weg- und Ackerflächen und Schuttplätzen wächst die Schafgarbe.

Das wird gesammelt

Die jungen, bodenständigen Blätter und die Blüten werden gesammelt. Die Blätter am Stängel sind hart und zäh. Bitte zum Ernten der Blüten eine Schere benutzen und den oberen Teil der Pflanze abschneiden. Der Stängel ist so zäh, dass beim Versuch, sie so zu pflücken, meist die ganze Wurzel mit herausgezogen wird. Und das wäre schade, da es den Tod der gesamten Pflanze bedeuten würde, während sie sonst noch einmal austreiben könnte.

Dann wird gesammelt

Das ganze Jahr über werden die Blätter und von Juni bis Oktober die Blüten gesammelt.

! Verwechslungsgefahr

Es besteht die Gefahr, dass sie mit **Doldenblütlern** verwechselt wird, bei denen es sehr giftige Arten gibt. Also bitte beim Ernten genau darauf achten, dass die Blüten eines Korbblütlers (wie Löwenzahn, Gänseblümchen ...) zu finden sind (meist außen größere Zungenblüten, mittig viele Röhrenblüten).

Doldenblütler Wilde Möhre *(Daucus carota)*

Schafgarbe *(Achillea millefolium)* **im Vergleich mit dem Gänseblümchen rechts** *(Bellis perennis)*.
Deutlich erkennbar bei den beiden Korbblütlern ist der gleiche Blütenaufbau.

Wie der Schäfer zum König wurde

Ein Schäfer hütete seine Schafe auf einer saftigen Wiese. Da kam der König mit seiner Kutsche vorbei. Er beachtete den Schäfer gar nicht, denn Schäfer waren arme Leute und für die hatte er nichts übrig. In der Kutsche saß aber auch noch des Königs Tochter, Prinzessin Mala, die aus dem Fenster schaute. Die Blicke des Schäfers und der Prinzessin trafen sich zufällig und sie verliebten sich sofort ineinander. Aber der Schäfer würde Mala niemals heiraten dürfen, da er nicht genug Land und Geld besaß. Deshalb trauten sie sich nicht, es dem König zu sagen. Nun kam es eines Tages, dass Mala sehr krank wurde. Sie hatte starke Bauchschmerzen bekommen. Alle Ärzte des ganzen Königreichs wurden gerufen, um der Prinzessin zu helfen. Aber niemand war dazu imstande. Der König war verzweifelt! Er machte sich große Sorgen um seine Tochter. Er versprach demjenigen, der seine Mala heilt, alles, was sich derjenige wünschte, wenn sie nur wieder gesund werde. Mutig ging der Schäfer zum König. Er hatte zuvor von der Wiese Schafgarbe gepflückt. Er hatte beobachtet, dass, wenn seine Schafe Bauchschmerzen hatten, sie auch Schafgarbe fraßen. Er selbst hatte es auch mit diesem Kraut versucht und es ging ihm danach wieder gut. Nun hoffte er, dass die Schafgarbe auch seine Mala wieder gesund machen könnte. Der König war einverstanden. Was blieb ihm auch anderes übrig? Da kochte der Schäfer der Prinzessin einen Schafgarbentee und verteilte seine Schafgarbensalbe auf ihrem Bauch. Nach nur einer Nacht war Mala wieder gesund. Der König, der mit drei Goldmünzen zum Schäfer kam, bot ihm dieses Geld als Lohn an. Der Schäfer aber lehnte ab. Er bat um die Hand von Mala. Der König musste sich an sein Versprechen halten. Mala und der Schäfer heirateten und lebten glücklich bis an ihr Lebensende.

Ich seh das Kraut, das du nicht siehst

Ein lustiges Spiel, das den Blick schärft und die Konzentration schult.

Material:

- helle oder dunkle Decke/Tuch
- ein geeigneter Sammelort, wie Wiese oder Wald

So geht's:

Die Decke wird auf den Boden gelegt. Die Kinder schwärmen aus, um eine Pflanze zu pflücken, die in ihrer Umgebung wächst. Diese Pflanzen werden auf das Tuch gelegt. Nun beginnt ein Kind und sucht sich von den Pflanzen auf der Decke eine aus, die es aber nicht nimmt oder zeigt, sondern nur mit den Augen aussucht. Nun sagt es: *„Ich seh ein Kraut, das du nicht siehst!"*, und das Spiel beginnt. Die Kinder können Fragen stellen, bis sie herausgefunden haben, welche Pflanze sich das Kind ausgesucht hat. Für ältere Kinder kann dieses Spiel schwieriger gestaltet werden, indem sie in der Natur anschließend diese Pflanze noch einmal finden müssen.

Schon gewusst?

Als Färbepflanze kann man mit Schafgarbe Wolle gelb, zusammen mit rostigen Nägeln dunkelgrün färben. Eine Anleitung ist im April-Kapitel zur Brennnessel zu finden (→ S. 39).

Sonjas Sonnensalsa – wilde Kräutercreme

Um Kräuter haltbar zu machen, ist es möglich, aus ihnen eine Paste zuzubereiten, die durch Olivenöl von der Luft abgeschlossen und somit ein Verderben unterbunden wird: das Pesto, eine Art Kräutercreme.

Bekannt ist der italienische Klassiker mit Basilikum, Pinienkernen und Parmesan. Man kann aber auch Wildkräuter, Walnüsse und Haselnüsse für ein Pesto verwenden. Wenn man den Käse weglässt, ist das Pesto länger haltbar.

Zutaten:

- 5 Handvoll Wildkräuter, z. B. Schafgarbenblätter (wenig, weil bitterer Geschmack), Brennnesseln, Gänseblümchen, Spitzwegerich …)
- 100 g Parmesan
- 100 g fein gemahlene Walnüsse
- Salz, Pfeffer
- ca. 500 ml Olivenöl

Material:

- Messer/Schere
- Brettchen
- Waage
- Reibe
- Schüssel
- Rührlöffel
- Marmeladengläser
- Etiketten
- Stift

So geht's:

1. Die Kräuter sehr fein hacken, den Käse reiben. Die Kräuter mit den Nüssen und dem Käse vermischen. Mit Salz und Pfeffer abschmecken.
2. So viel Olivenöl hinzugeben, dass eine streichfähige Paste entsteht.
3. Die Kräutercreme in Gläser füllen und so viel Öl auf die Oberfläche gießen, dass die Creme vollständig bedeckt ist.
4. Die Gläser verschließen und beschriften. Am besten im Kühlschrank lagern.

Wenn man etwas Pesto verwendet hat, immer wieder so viel Olivenöl auf die Oberfläche geben, dass die Oberfläche wieder bedeckt ist.

TIPP

Man kann diese Kräutercreme pur über Nudeln geben, zum Würzen in Tomatensoße rühren, als Zutat für einen schnellen Kräuterquark oder als Füllung für Grill-Tomaten verwenden.

Fruchtige Flaschentomaten

Zutaten:

- 2,3 kg Tomaten, klein geschnitten
- 2 große Zwiebeln, klein geschnitten
- 2 Knoblauchzehen, fein gehackt
- 150 ml Öl
- 150 ml Essig
- ½ Handvoll frischer Oregano
- 1 Handvoll Wildkräuter (Schafgarbe, Spitzwegerich, Löwenzahn, Brennnessel ...)
- Salz, Pfeffer
- 125 g Zucker oder Birnendicksaft

Material:

- Topf
- Rührlöffel
- Messbecher/Waage
- Brettchen
- Messer/Schere
- großes Küchensieb oder Flotte Lotte
- Etiketten
- Stift
- Weithalsflaschen oder Marmeladengläser

So geht's:

1. Tomaten bei niedriger Hitze zu Brei zerkochen lassen. Durch ein Sieb oder eine Flotte Lotte streichen, um die Kerne und Schalen zu entfernen.
2. Zwiebel in einer Pfanne etwas andünsten.
3. Die Kräuter klein schneiden oder zupfen. Alle Zutaten zusammen in einen Topf geben und eine halbe Stunde leicht köcheln lassen, bis die Masse dicklich wird.
4. Noch heiß in saubere Flaschen füllen und gut verschließen. Name und Datum auf das Etikett schreiben und fertig!

Erste-Hilfe-Tipp für unterwegs

Auf Ausflügen und Spaziergängen mit den Kindern ist es fast unausweichlich, dass das ein oder andere kleine Drama geschieht: eine Wunde oder Nasenbluten. Hier kann die Schafgarbe hilfreich sein: Sehr schnell wirkt dieses Kraut, wenn das Blatt zerrieben oder vom Kind zerkaut direkt auf die Wunde gelegt wird. Die Blutung stoppt schnell, ebenso bei Nasenbluten. Etwas zerkautes Kraut vorsichtig in das Nasenloch gesteckt, geht die Blutung in der Regel schnell vorbei. Selbst bei Zahnschmerzen hat sich das Kauen des Schafgarbenblattes bewährt.

Krümelige Käse-Kräuter-Kekse

Zutaten:
- 90 g Vollkornmehl
- 1 TL Backpulver
- etwas Kräutersalz
- 150 g Sauerrahm
- 3 EL fein geschnittene Kräuter (Schafgarbe, Spitzwegerich, Löwenzahn, Brennnessel o. Ä.)
- 25 g Käse

Material:
- Schüssel, Rührlöffel, Waage, Brettchen, Messer/Schere, Reibe

So geht's:
1. Die Kinder schneiden die Kräuter fein und reiben den Käse.
2. Alle Zutaten werden vermischt und zu einer großen Rolle geformt.
3. Mit einem Messer werden von der Rolle Scheiben abgeschnitten und als Kekse auf ein mit Backpapier belegtes Backblech gelegt.
4. Bei 175°C ca. 15 Minuten backen.

Lieblicher Lippenbalsam

Zutaten:
- 1 TL Ölauszug der Schafgarbe (Herstellung des Ölauszugs, siehe Johanniskraut, → S. 55)
- 1 TL Sheabutter
- 1 gestrichener TL Bienenwachs
- 2–3 TL Honig

Material:
- Topf mit Wasser (Wasserbad), Schüssel, Rührlöffel, Teelöffel, Salbendosen, Etiketten, Stift

So geht's:
Im Wasserbad (Wasser im Topf erhitzen, Schüssel mit Zutaten hineinstellen) die Sheabutter und das Wachs schmelzen. Öl und Honig hinzufügen. Abfüllen und erkalten lassen.

TIPP

Schafgarbe ist ein ausgezeichnetes Wundheilkraut, denn es gilt als blutstillend und keimhemmend. Man kann diesen Lippenbalsam auch gut als Wundsalbe verwenden.

SEPTEMBER

Der Rotklee

Im September widmen wir uns voll und ganz dem Rotklee. Wir

- lesen die **Geschichte** vom kleinen Klee,
- backen **Zwergenkleebrot,**
- basteln **Blütenkarten** und Lesezeichen,
- stellen coole **Kräutereiswürfel** her,
- basteln kichernde **Kinderschminke,**
- machen köstliche **Elfenspeise,**
- versuchen, mit **Solarfärben** den Sommer einzufangen,
- ziehen selber **Rotkleesprossen** und
- kühlen uns ab mit einem **Kneipp-Tipp.**

SAMMELTIPP

Jetzt ab September können schon die ersten Früchte der Brombeere (Monat Oktober) und die der Hagebutte (Dezember) zu finden sein.

So heißt die Pflanze

Rotklee ✿ *(Trifolium pratense)*

Man nennt sie noch

Wiesenklee, Zuckerbrot, Honigblume, Hummellust

Sie gehört zu der Familie

Schmetterlingsblütler *(Faboideae)*

So sieht sie aus

Der Klee hat ein dreigeteiltes Blatt *(„trifolium")* und mit viel Glück ist es auch mal vierblättrig. Die einzelnen Blattteile sind rund bis eiförmig und haben oft weiße Flecken in der Mitte. Sie sind beiderseitig fein behaart. Die Kleeblätter bilden eine Rosette.
Der Klee wird bis zu 30 cm hoch, wächst aber eher nah am Boden. Die einzelnen Blüten sind rosafarben und in Form einer Kugel (Ø = 2–3 cm) auf einem kantigen Stängel angeordnet.

Hier kann man sie finden

Der Klee wächst auf Wiesen, Weiden, Rasen, an Weg- und Ackerrändern.

Das wird gesammelt

Vom Klee erntet man Blätter und Blüten.

Dann wird gesammelt

Gesammelt werden die Blätter von April bis Oktober und die Blüten von Juni bis September.

! Verwechslungsgefahr

Es ist eine Verwechslung mit anderen Kleearten möglich, was aber kein Problem darstellt, da alle Arten essbar sind. Vom **Sauerklee** *(Oxalis acetosella)* (erkennt man am sauren Geschmack, weiße, kelchförmige Blüten) sollte man nicht zu viel auf einmal essen, da die enthaltene Oxalsäure die Nieren reizen kann (so wie beim Rhabarber auch).

Falls man keinen Rotklee findet, kann man auch seinen Verwandten, den **Weißklee** *(Trifolium repens)*, verwenden.

Weißklee

Die Geschichte vom kleinen Klee

Es war einmal eine kleine Klee-Pflanze. Sie lebte auf einer Wiese zwischen langen Gräsern und prächtigen Blumen. Der kleine Klee war sehr unglücklich, denn er fiel zwischen den wunderschönen Wiesenblumen mit all ihren Farben gar nicht auf. Niemand nahm ihn wahr oder unterhielt sich mit ihm. Da kam ein Laufkäfer am Klee vorbei. Er grüßte freundlich und fragte, warum er so traurig ausschaute. Da sagte der kleine Klee: „Sieh dich doch mal um! Diese wunderschönen, großen Wiesenblumen! Sie werden von so vielen Insekten besucht, sie schwatzen miteinander und sehen so fröhlich aus. Ich bin hier ganz unten und keine der anderen Pflanzen spricht mit mir. Was soll ich denn nutzen?" „Oh", sagte der Laufkäfer „ich bin immer sehr dankbar, wenn ich an einem Klee vorbeikomme, denn wenn es regnet, sind deine dreigeteilten Blätter ein wunderbarer Regenschutz. An den langen Gräsern läuft das Wasser hinab und ich werde nass." – „Ja, da hast du Recht!" sagte der kleine Klee und fühlte sich schon viel wohler.

Am nächsten Tag summte eine Hummel am kleinen Klee vorbei. Sie ließ sich auf den schönen, rosafarbenen Blüten nieder und verschnaufte etwas. „Guten Tag, kleiner Klee, darf ich etwas von deinem Nektar naschen? Der Flug war so anstrengend!" „Aber gern," sagte der kleine Klee, „ich freue mich, dass du mich besuchst". Dankbar schlürfte die Hummel etwas Nektar und fragte: „Bekommst du denn sonst keinen Besuch?" Der kleine Klee antwortete traurig: „Leider nein, hier unten kommt selten jemand vorbei". Darauf versprach die Hummel: „Glaube mir, das wird sich bald ändern!" Dann dankte sie dem kleinen Klee und machte sich schon wieder auf den Weiterflug.

Und die Hummel sollte Recht behalten! Schon am nächsten Tag kam der Bauer und mähte die Wiese, um Heu für die Tiere im Winter zu ernten. Und da lagen sie nun, die schönen, bunten Wiesenblumen und Gräser … Nur der kleine Klee war noch da, denn so tief konnte der Bauer die Wiese nicht mähen. Seine Blütenköpfchen streckte der kleine Klee der Sonne entgegen. Es dauerte nicht lange, da war er umschwirrt von vielerlei Insekten: Bienen, Hummeln, Sandwespen und Schmetterlingen.

Ein besonders schöner Schmetterling sprach den kleinen Klee an: „Wunderbar, dass du noch da bist! Wo sollten wir denn sonst Futter finden? Und wo könnten meine Raupenkinder Schutz suchen? Ich habe dich hier vorher noch gar nicht gesehen! Welch ein Glück, dass es dich gibt!"

Da freute sich der kleine Klee sehr, schwatzte mit der ein oder anderen Biene. Er konnte es kaum erwarten, schon am nächsten Tag viele weitere Geschichten von den Insekten zu erfahren, die ihn besuchen kamen.

Zwergenkleebrot

Um Stockbrot mit Kräutern zu verfeinern, kann man in den Teig, bevor er um den Stock gewickelt wird, fein geschnittene Kräuter hineingeben. Neben den Kleeblüten nimmt man z. B. auch Brennnessel, Spitzwegerich, Löwenzahn und Gänseblümchen.

Zutaten:

- 500 g Mehl
- 1 TL Trockenhefe
- 250 ml warmes Wasser
- 3 Prisen Kräutersalz
- 12 Kleeblüten oder/und 6 EL andere Kräuter

Material:

- Rührschüssel, Geschirrhandtuch, Rührlöffel, Messer/Schere, Brettchen, lange Stöcke, Lagerfeuer

So geht's:

Alle Zutaten vermischen und gut miteinander verkneten. Den Teig mit einem Geschirrtuch abdecken und eine Stunde gehen lassen.
Eine kleine Handvoll Teig dünn um einen Stock wickeln und über der Glut des Lagerfeuers oder Grills backen.

Blütenkarten und Lesezeichen

Material:

- fester Karton, in Kartengröße zugeschnitten
- doppelseitiges Klebeband oder einen Klebestift
- Schere
- Blütenblätter und Gräser
- Bänder und Perlen

So geht's:

Kleben Sie das Klebeband auf die Karte.
Die andere Seite der Klebefläche kann nun mit Blüten und Gräsern bestückt werden.
Wenn man den Karton in schmale Streifen schneidet und dann das Klebeband aufklebt, wird daraus ein Lesezeichen. Schön ist es, wenn man mit dem Locher oben oder unten ein Loch in die Pappe stanzt und einen hübschen Faden anknotet. Der Faden kann noch mit Perlen verziert werden. Ein schönes Geschenk!

TIPP

Wenn man die Blüten und Blätter mit doppelseitigem Klebeband auf schmale Pappstreifen klebt, kann man sie als Armband am Handgelenk tragen!

Coole Kräutereiswürfel

Zutaten:

- Kleeblüte
- weitere essbare Blüten (siehe Liste essbarer Blüten auf → S. 12)
- Leitungswasser

Material:

- Eiswürfelform, Gefrierfach, Gläser, Wasser/Getränk

So geht's:

Die Kinder legen für diese Eiswürfel die Blütenköpfchen des Klees in die Eiswürfelform und geben Wasser hinzu. Die Formen stellen sie in den Kühlschrank. Wenn diese fest geworden sind, kann man sie wie normale Eiswürfel verwenden. Sie sehen im Eistee oder in selbst gemachter Limonade wunderbar aus!

TIPP

Man kann auch die Blüten anderer essbarer Pflanzen nehmen, z. B. Rose, Holunder oder Schafgarbe.

Die Blüten von Kreuzblütlern (z. B. kohlartige Pflanzen) eignen sich weniger hierfür, da sie recht scharf im Geschmack sind.

Kichernde Kinderschminke

Material:

- Hautcreme
- bunte Blütenblätter (Kleeblüten, Rose, Löwenzahn, Schafgarbe, Ringelblume …)
- Spiegel

So geht's:

Die Gesichter der Kinder werden mit Creme eingecremt. Nun können die Blütenblätter auf die Gesichter geklebt werden. Man kann sein Gesicht auf diese Weise wunderbar verzieren!

Elfenspeise

Zutaten:

- 500 g Quark
- ½ Bio-Zitrone
- 2 TL Honig
- 1 Handvoll essbare Blüten, wie Kleeblüten, Gänseblümchen, Rose, Taubnessel, Ringelblume (siehe Liste essbarer Blüten auf → S. 12)
- 5 EL Beeren, nach Belieben

Material:

- feine Reibe
- Saftpresse
- Schneebesen
- Rührschüssel
- Teelöffel

So geht's:

Von der halben Zitrone reiben die Kinder die Schale ab und pressen anschließend den Saft aus. Quark, Zitronenschale und -saft, Honig und Beeren werden miteinander verrührt. Anschließend kann die Oberfläche der Elfenspeise hübsch mit Blüten(blättern) bestreut werden.

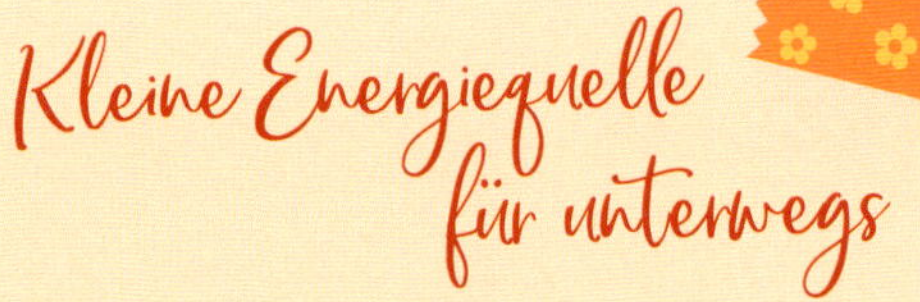

Kleine Energiequelle für unterwegs

Wenn beim Spaziergang die Luft raus ist, hilft der Klee, schnell wieder in Schwung zu kommen. Der Klee ist nämlich nicht nur eine wichtige Nahrungsquelle für Hummeln und Schmetterlinge – auch Kinder können davon naschen: Dafür zupfen sie vorsichtig die einzelnen Blütchen aus der Kugel und saugen vorsichtig am unteren Ende. Dann kann man den süßen Nektar schmecken. Und als Insektenstich- und Brennnesselangriff-Hilfe ist der Klee ebenfalls zur Stelle, wenn er zerquetscht auf die Hautstelle gelegt wird!

Sommereinfangen mit Solarfärben

Solarfärben ist eine besondere und kinderleichte Art, Stoffe und Kleidungsstücke mit Farben der Natur zu färben. Die Sonne löst die Farbstoffe aus den Pflanzen und diese gehen in den Stoff über. Dabei ist das Ergebnis jedes Mal eine Überraschung und nicht vorhersagbar.

Material:

- Sonne
- 1 großes, verschließbares Glas (mind. 2 l Inhalt)
- Wasser
- Stoff oder Kleidungsstück (T-Shirt oder kleine Tischdecke)
- Naturmaterial zum Färben, Beispiele → S. 40 (Menge: ungefähr so viel, wie man Stoff verwendet)
- Eimer
- Wasserkocher
- Nudelsieb/Seihe
- zur Stoffvorbereitung: für Wolle Alaun (siehe Färben mit Brennnessel, → S. 39), für Baumwolle essigsaure Tonerde (Aluminiumazetat-Tartrat) aus der Apotheke

So geht's:

1. Theoretisch kann der Stoff auch ohne Vorbehandlung (Beize) zum Färben genommen werden. Durch eine Beize verbessert man aber die Farbkraft und Waschechtheit der Farbe im Stoff. Möchte man also den Stoff vorbehandeln, nimmt man für Baumwollstoff einen Teil essigsaure Tonerde (ist eine Flüssigkeit) auf vier Teile Wasser und legt den Stoff über Nacht (außerhalb Kinderreichweite!) darin ein. Anschließend spülen Sie ihn gut unter fließendem Wasser aus. Für Wolle nehmen Sie eine Alaunbeize, wie im Brennnessel-Kapitel beschrieben (→ S. 39).
2. Nun nehmen Sie das Glas und füllen etwas Färbematerial (Beispiele sind ebenfalls im Brennnessel-Kapitel auf → S. 40 zu finden) ein. Sie können auch Brombeeren, schwarzen Tee, Brennnesselblätter, essbare Blüten, wie z. B. Rotklee, Holunderbeeren, Kurkuma oder Rote-Bete-Reste vom Mittagessen nehmen. Solang es ungiftig ist, kann man es nach Herzenslust zusammenstellen.
3. Nun breiten Sie den feuchten Stoff aus. Die Kinder können frei die Färbematerialien auf den Stoff verteilen. Der Stoff wird zusammengeknüllt und in das Glas gelegt. Legen Sie noch etwas Färbematerial obenauf. Das Wasser bringen Sie im Wasserkocher zum Kochen und gießen es über den Stoff in das Glas, bis es randvoll ist. Je weniger Luft im Glas ist, umso geringer ist die Gefahr der Schimmelbildung. Das Glas kann ruhig draußen stehen, denn Wind und Wetter schaden der Färbung nicht, solange die Temperatur über dem Gefrierpunkt liegt.
4. Das Glas lassen Sie nun für mehrere Tage bis Wochen draußen in der Sonne stehen. Zwischendurch öffnen Sie es mal und rühren um. Eine einsetzende Gärung der Mischung ist Teil des Prozesses. Daher sollten die Kinder das Glas immer mal wieder öffnen, um einen eventuellen Druck im Glas abzulassen. Sie können auch den Deckel nicht ganz fest verschließen. Um das Färben zu beenden, können die Kinder das Glas vorsichtig im Waschbecken öffnen und die Flüssigkeit durch das Sieb gießen. Dann wird der Stoff so lange ausgespült, bis das Wasser farblos bleibt. Trocknen Sie dann den Stoff und sehen Sie sich das Ergebnis an!

TIPP

So ein gefärbter Stoff ist gut geeignet als Decke für einen Jahreszeitentisch o. Ä. Auch kann man mehrere Gläser parallel mit den Kindern ansetzen und nur bestimmte Färbematerialien zusetzen – als kleine Versuchsreihe, welche Farbe aus welchem Material entsteht. Dies kann man fototechnisch festhalten.

Rotkleesprossen selbst ziehen

Material:

- Rotkleesamen, Watte, Schale, Wasser

So geht's:

Rotkleesamen aus dem Reformhaus zur Keimlingszucht kann man wie Kresse aussäen. Hierfür zunächst die Samen einweichen (ca. zwei Stunden) und anschließend auf feuchte Watte in einer Schale ausstreuen. Ab jetzt 2-mal täglich wässern. Das machen Kinder besonders gern. Nach sechs bis acht Tagen kann dann geerntet und genascht werden!

Abkühlung nach Kneipp

Um bei der Hitze des Sommers einen kühlen Kopf zu bewahren, kann man mit Kindern auf das Gesundheitskonzept von Pfarrer Sebastian Kneipp zurückgreifen:

Material:

- ein länglicher, wasserdichter Balkonkasten
- 4–5 wasserdichte Wäschewannen
- Leitungswasser
- Blütenblätter

So geht's:

Das kalte Armbad zur Erfrischung

Länglichen Balkonkasten oder Waschbecken mit kaltem Wasser füllen (ca. 15°C) und mit Blüten bestreuen. Beide Arme bis zur Mitte des Oberarms eintauchen. Nach 30 Sekunden, oder auch früher, falls es zu kalt wird, Arme rausnehmen. Wasser abstreifen und Arme bewegen, bis sie warm werden.

Wassertreten

Im Wassertretbecken oder in einzelnen (vier bis fünf) wasserdichten Wäschewannen kaltes Wasser einfüllen (im Idealfall sollte das Wasser bis ca. eine Handbreit unter das Knie reichen) und mit Blüten bestreuen. Wie ein Storch durch das Wasser schreiten – bei jedem Schritt einen Fuß ganz aus dem Wasser heben. Wenn es zu kalt wird, rausgehen. Wasser mit den Händen von den Füßen abstreifen. Laufen und bewegen, bis die Füße warm werden.

OKTOBER

Die Brombeere

Herrliche Brombeeren begleiten uns im Oktober. Wir

- hören das Märchen vom **Brombeerzwerg,**
- backen brummigen **Brombeerkäsekuchen,**
- stellen **blaue Farbe** her,
- trinken leckeren **Hexenpunsch** zu Halloween,
- kochen leckere **Brombeermarmelade** ein,
- legen **Blättersilhouetten,**
- machen einen quirligen **Brombeerquark** mit Biss und
- zaubern Wurzels **Waldbeertee** auf den Tisch.

So heißt die Pflanze

Brombeere ✿ *(Rubus fructicosus)*

Man nennt sie noch

Heckenbeere, Hummelbeere, Frombeere, Hirschbeere, Hirschboller, Dornbeere, Bromedorn, Brenndorn, Abfangsbeere, Brämelbeere, Brennbeere, Gaulhimbeere, Hundsbeere, Pferdebeere, Rankenbeere, Schwarze Himbeere

Sie gehört zu der Familie

Rosengewächse *(Rosaceae)*

So sieht sie aus

Brombeeren sind oft Kletterpflanzen. Sie wachsen aber auch buschartig und können 0,5–3 m hoch werden. Ihre Zweige und Blätter sind mit Stacheln besetzt. Die einzelnen Blättchen sind gezähnt.
Die Blüte kann sowohl weiß als auch hellrosa sein. Auch die Brombeere hat fünf Blütenblätter, die wiederum rund bis eiförmig sind.
Die Früchte sind zunächst grün, dann rot und schließlich schwarz. Schmackhaft sind sie dann, wenn sie weich sind.

Hier kann man sie finden

Waldränder, Waldlichtungen, Hecken, Schuttplätze

Das wird gesammelt

Die Blätter und Früchte werden gesammelt.

Dann wird gesammelt

Die Blätter sammelt man das ganze Jahr über, die Früchte von August bis Oktober. Auch hier sind wieder die Gartenhandschuhe für Kinder und Erwachsene hilfreich, um den Dornen etwas aus dem Weg gehen zu können!

! Verwechslungsgefahr

Man könnte die Blätter der Brombeere mit der der **Himbeere** *(Rubus idaeus)* verwechseln. Was nicht weiter schlimm ist, denn ihre Blätter sind auch ungiftig und werden ähnlich genutzt. Die Himbeerblätter sind an der Blattunterseite weiß und nicht grün wie bei der Brombeere.

Des Weiteren könnte man die Brombeere mit der **Kratzbeere** *(Rubus caesius)* verwechseln. Auch die Kratzbeere ist nicht giftig, nur schmecken die Beeren bei Weitem nicht so gut, sondern eher fade und sauer. Die Kratzbeere hat im Vergleich zur Brombeere einen leichten Reifbelag, der die Früchte heller und matter erscheinen lässt. Auch fällt die Kratzbeere beim Pflücken schnell auseinander.

Brombeerblüte

Kratzbeere

Das Märchen vom Brombeerzwerg

Frau Holle saß bei einem Picknick auf einer Wiese am Waldrand. Mit dabei waren Elfen und Zwerge, die sangen, tanzten und allerlei Unsinn trieben. Ein Zwerg schnappte sich Frau Holles Perlenkette und spielte mit ihr herum, bis plötzlich die Kette zerriss und alle Perlen durch die Wiese zum Wald rollten. Frau Holle wurde zornig und befahl dem Zwerg, alle Perlen innerhalb einer Nacht, bis in der Morgendämmerung der Uhu 3-mal ruft, wieder aufzulesen. Aber sie wollte es ihm nicht so leicht machen und verwandelte alle Perlen in Brombeerbüsche. In der Nacht ging er zu den Brombeerbüschen und fing an, alle Brombeeren zu pflücken. Bis auf eine letzte Brombeere hatte er bereits alle in seinem Korb, als der Uhu 3-mal rief. Und schon ging die Sonne auf. Nun hingen sofort alle Brombeeren aus seinem Korb wieder am Brombeerbusch. Er hatte es nicht geschafft. So erging es ihm jede Nacht zur Brombeersammelzeit, Jahr für Jahr. Immer wieder fehlte ihm die letzte Brombeere.
Er war inzwischen schon ein sehr alter Zwerg, als er sich wieder einmal daran machte, die Brombeeren von Frau Holle zu pflücken. Und wieder, kurz bevor er die letzte Brombeere pflücken konnte, fing der Uhu an, zu schreien. Doch bevor er das dritte Mal schreien konnte, wurde der Uhu von einer Elfe, die den Zwerg schon lange beobachtete, verjagt. Endlich konnte der Zwerg die letzte Brombeere pflücken.
Und wie ein Wunder verwandelten sich die Brombeeren im Korb zurück in die Perlenkette, die der Zwerg nun Frau Holle zurückgab.

Brummiger Brombeerkäsekuchen

Zutaten:

Für den Teig:

- 300 g Mehl
- 60 g Zucker
- 200 g Quark
- 100 g neutrales Pflanzenöl
- 1 Ei
- 1 Päckchen Backpulver

Für die Käsemasse:

- 1 Ei
- Mark einer Vanilleschote
- 250 g Schmand
- 400 g frische oder aufgetaute Brombeeren
- 3 EL geriebene Haselnusskerne

Material:

- Waage, Schüsseln, Rührlöffel, Schneebesen, Backpapier, Backblech, Nudelholz

So geht's:

Den Backofen auf 180°C vorheizen. Die Zutaten für den Teig abwiegen und miteinander verkneten. Ein Backblech mit Backpapier belegen und den Teig darauf dünn ausrollen oder mit den Händen verteilen. Dabei einen Rand formen, damit die Käsemasse nicht herunterläuft. Für die Käsemasse alle Zutaten vorsichtig miteinander verrühren und auf dem Teig verteilen.
Im Ofen für ca. 15–20 Minuten backen lassen.

Brombeerblau

Um Farbe zum Malen zu bekommen, nimmt man:

Material:
- 3 EL Brombeeren
- 1 EL Wasser
- 2 kleine Schüsseln
- Gabel
- Sieb
- Pinsel
- Papier

So geht's:
Die Brombeeren in einer Schüssel mit der Gabel zerdrücken. Das Wasser hinzugeben, verrühren und durch das Sieb pressen. Dabei den Saft in der zweiten Schüssel auffangen.

Diese Farbe hält sich nur wenige Tage im Kühlschrank. Mit Pinsel und Papier kann man gleich mit dem Malen loslegen.

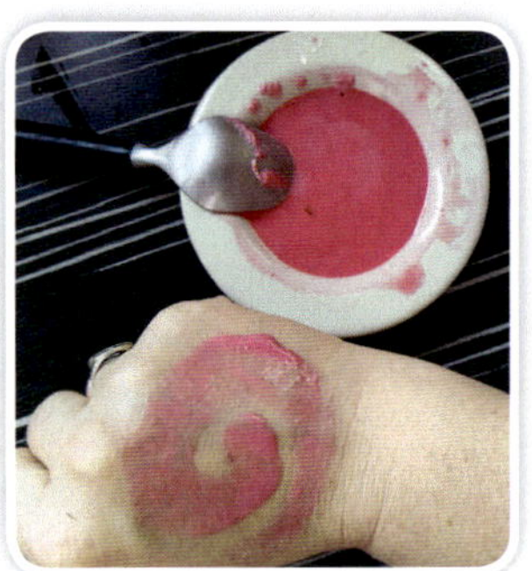

TIPP

Angedickt mit Kleister, ist die Farbe auch eine gute Fingermalfarbe (→ S. 52 Holunder) oder mit Speisestärke verrührt eine tolle Kinderschminke (→ S. 40 Brennnessel)!
Mit Brombeerblättern lässt sich auch hellgelbe Wolle färben (→ S. 39 Brennnessel).

Brombeersaft für den Hexenpunsch zu Halloween

Aus Brombeeren kann man einen wunderbaren Saft herstellen. Wie das geht, ist im Kapitel über den Holunder auf → S. 51 beschrieben. Aus diesem Saft lässt sich ein toller Hexenpunsch mischen.

Zutaten:
- 500 ml Brombeersaft
- 500 ml Apfelsaft
- 1 Zimtstange
- 1 Bio-Orange
- 2 Nelken
- 1 Apfel

Material:
- Topf, Schneebesen, Reibe, Messer, Brettchen, Saftpresse, Gläser, Schöpfkelle

So geht's:
Die Säfte in den Topf geben. Die Orangenschale abreiben und den Saft der Orange auspressen. Die Gewürze hinzugeben. Den Apfel klein schneiden und ebenfalls hinzugeben. Alles aufkochen lassen und für zehn Minuten leicht köcheln lassen. Die Nelken und die Zimtstange herausnehmen. Vor dem Trinken den Punsch etwas abkühlen lassen.

Beerige Brombeermarmelade

Für diese Marmelade benötigt man keinen Gelierzucker, da die Brombeere von Natur aus das natürliche Geliermittel Pektin enthält.

Zutaten:
- 500 g frische Brombeeren
- 500 g Zucker
- Saft einer halben Zitrone
- Mark einer Vanilleschote

Material:
- Waage, Topf mit hohem Rand, Rührlöffel, Saftpresse, Marmeladengläser, Kelle, Handtuch, Etiketten, Stift

So geht's:
Alle Zutaten abwiegen, miteinander verrühren und eine Viertelstunde köcheln lassen. Anschließend mit der Kelle vorsichtig in saubere, verschließbare Gläser füllen. Die Gläser auf den Kopf stellen. Vorsichtig, sie sind sehr heiß! Nehmen Sie dafür ein Handtuch.
Vergessen Sie das Etikett mit der Beschriftung nicht.

Blättersilhouette

Material:
- viele bunte Herbstblätter (nicht nur von der Brombeere)
- eine Wiese oder eine Freifläche

So geht's:
Machen Sie mit den Kindern einen Spaziergang im Park oder im Wald, um Blätter zu sammeln. Wenn Sie ganz viele gesammelt haben, kann sich ein Kind auf den Boden legen.
Die anderen Kinder legen nun möglichst dicht um das Kind herum eine Reihe von Blättern. Ist das ganze Kind von Blättern umrandet, steht es auf und kann seine Silhouette aus Blättern sehen.
Nun sind die anderen Kinder dran und legen sich nacheinander auf den Boden.

TIPP

Um diese Bilder mit in die Einrichtung zu nehmen, kann das Kind sich auf ein großes Blatt Papier legen und die Blätter werden mit Kleister festgeklebt.

Quirliger Brombeerquark mit Biss

Zutaten:
- 350 g Brombeeren
- 500 g Quark
- 1 Becher Sahne
- 6 EL Zucker
- 1 Packung Löffelbiskuits
- Schokolade

Material:
- Schüsseln, Handrührgerät, flache Form (z. B. eine Auflaufform), Reibe, Waage

So geht's:
Schlagen Sie die Sahne steif. Lassen Sie die Kinder den Quark abwiegen und mit 5 EL Zucker vorsichtig verrühren. Die Brombeeren werden leicht zerdrückt und mit einem EL Zucker verrührt.
In eine Auflaufform oder Schüssel legen Sie eine Lage Löffelbiskuits. Darauf kommt eine Schicht Brombeeren und anschließend eine Sahne-Quark-Schicht. Lassen Sie die Kinder so lange fortfahren, bis die Zutaten verbraucht sind. Das Oberste sollte eine Sahne-Quark-Schicht werden.
Reiben Sie zu guter Letzt die Schokolade und verteilen Sie die Schokoladenraspel darauf. Fertig!

Man kann die Schichten auch in hohe Gläser füllen, das sieht hübsch aus!

Wurzels Waldbeertee

Zutaten:
- frische oder getrocknete Brombeerblätter, Himbeerblätter und Erdbeerblätter
- Wasser
- Honig

Material:
- Schere, Schale, Wasserkocher, Tasse, Teesieb, Tassen, Untertasse

So geht's:
Zerschneiden Sie die Blätter mit der Schere oder zerbröseln Sie sie, wenn getrocknet. Mischen Sie sie zu gleichen Teilen. 1 TL der Kräutermischung mit einer Tasse kochendem Wasser überbrühen und mit einer Untertasse zugedeckt 10 Minuten ziehen lassen. Nun können Sie den Tee absieben.
Den Tee können Sie mit etwas Honig süßen.

TIPP

Wenn die Blätter frisch sind, kann man sie zerschnitten auf einem Backblech an der Luft trocknen lassen und den Tee dann in eine Dose oder Butterbrotpapiertüten füllen. Vielleicht wäre das ein Geschenk der Kinder für ihre Eltern?

NOVEMBER

Die Haselnuss

Im November beschäftigen wir uns vor allem mit der Haselnuss. Wir

- lesen das **Märchen** von Aschenputtel,
- stellen Michaels **Nusstraum** her,
- basteln **Hasel-Traumfänger,**
- backen nussige **Martinsgänse,**
- wärmen uns mit **Winternüssen,**
- basteln mit **Baumrinde,**
- knuspern Marlenes **Müsli,**
- stellen **Zahnbürsten** und **Zahnpasta** aus der Natur her und
- basteln uns **Blätterkronen.**

So heißt die Pflanze

Haselnuss ✿ *(Corylus avellana)*

Man nennt sie noch

Haselstrauch, Haselnussstrauch, Hasel

Sie gehört zu der Familie

Birkengewächse *(Betulaceae)*

So sieht sie aus

Die Haselnuss wächst als Strauch und wird 5–6 m hoch.
Die Blätter sind rundlich bis verkehrt eiförmig und haben am Blattende eine kleine Spitze. Die Blattstiele sind behaart. Der Blattrand ist grob doppelt gesägt. Die Blattoberseite ist etwas behaart und deutlich dunkler als die Blattunterseite.
Die Haselnuss hat weibliche und männliche Blüten. Während sich die männlichen Blüten bereits im Herbst des Vorjahres bilden und als sogenannte „Kätzchen" überwintern, erscheinen die weiblichen Blüten erst im Februar bis März, bevor der Haselstrauch Blätter bekommt. Die weibliche Blüte sieht aus wie eine dicke Knospe, aus der sich die roten Blütennarben herausstrecken.

weibliche Blüte

Die Früchte sind zunächst grün und werden im Herbst dann braun. Um den unteren Teil der Haselnussschale sitzt ein Blattkelch. Im Inneren der Schale ist die eigentliche Frucht, die Nuss.

Hier kann man sie finden

Sie ist eine lichtliebende Pflanze und kommt in lichten Wäldern, an Waldrändern und Feldhecken vor.

Das wird gesammelt

Blätter und Früchte. Die Nüsse sollten kühl und trocken gelagert werden. Dafür eignen sich Dosen ohne Deckel oder Stoffbeutel besonders gut.

Dann wird gesammelt

Die Blätter sammelt man von April bis Oktober, die Früchte von September bis Oktober.

Besonderheiten

ACHTUNG!

Es gibt Menschen, die eine Haselnuss-Allergie haben. Bitte vorsichtig sein!

Die Haselnuss ist ein Frühblüher und damit ein wichtiger Pollenlieferant für Honigbienen. Im Herbst sichert die Hasel vielen Tieren (z. B. Eichhörnchen, Kleibern, Hähern, Mäusen), die Wintervorräte anlegen, das Überleben im Winter. Jede von ihnen vergessene Nuss kann zur Verbreitung der Haselnuss führen.

! Verwechslungsgefahr

Eventuell ist sie mit anderen Haselarten zu verwechseln, diese sind aber alle ungefährlich.

Aschenputtel

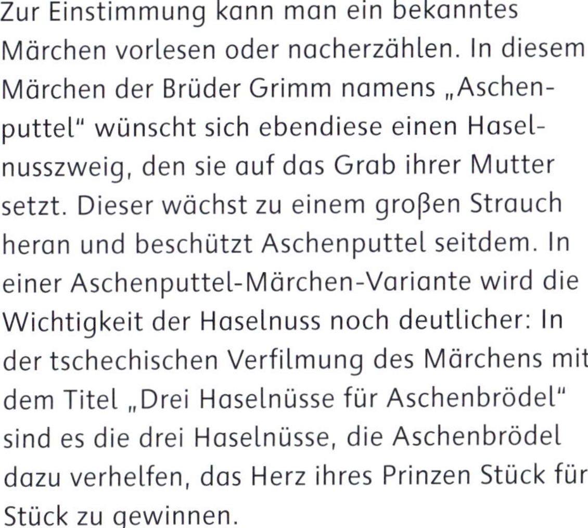

Zur Einstimmung kann man ein bekanntes Märchen vorlesen oder nacherzählen. In diesem Märchen der Brüder Grimm namens „Aschenputtel" wünscht sich ebendiese einen Haselnusszweig, den sie auf das Grab ihrer Mutter setzt. Dieser wächst zu einem großen Strauch heran und beschützt Aschenputtel seitdem. In einer Aschenputtel-Märchen-Variante wird die Wichtigkeit der Haselnuss noch deutlicher: In der tschechischen Verfilmung des Märchens mit dem Titel „Drei Haselnüsse für Aschenbrödel" sind es die drei Haselnüsse, die Aschenbrödel dazu verhelfen, das Herz ihres Prinzen Stück für Stück zu gewinnen.

Material:

- mehrere Schüsseln
- 2 unterschiedliche Materialien in „Kugelform", z. B. getrocknete Erbsen oder Bohnen, kleine Pompons, Mais oder eine Schale mit Bügelperlen, die eh mal nach Farbe sortiert werden sollten

So geht's:

1. Stellen Sie vorab mehrere leere Schüsseln bereit sowie eine oder mehrere große Schüsseln, die mit den zwei unterschiedlichen Materialien in Kugelform gefüllt sind.
2. Setzen Sie sich nun mit den Kindern in den Kreis und erklären Sie ihnen, dass sie während der Geschichte die Materialien sortieren sollen.
3. Während Sie nun das Märchen von Aschenputtel vorlesen, können die Kinder einer fast schon meditativen Sortieraufgabe nachgehen.

Den Kindern macht die Sortierarbeit Spaß und es ist eine spielerische Möglichkeit, die Feinmotorik zu fördern. Sorgen Sie dafür, dass es genug Schüsseln gibt, sodass es keine Rangeleien geben muss, weil zu viele Kinder an eine Schüssel reichen müssen. Dann können die Kinder in Ruhe sortieren und sich die Aufgabe Aschenputtels vorstellen, während sie Ihnen beim Erzählen des Märchens zuhören.

Michaels Nusstraum

Zutaten:

- 100 g Nüsse
- 3 EL Ahornsirup oder Honig
- 3 EL Backkakao
- 125 g Butter
- Mark einer Vanilleschote

Material:

- Waage, Pfanne, Pfannenwender, elektrischer Hacker (fürs Mahlen der Nüsse), Schale, Löffel

So geht's:

Die Haselnüsse in der Pfanne vorsichtig anrösten und anschließend fein mahlen. Mit den anderen Zutaten zu einer streichfähigen Masse verrühren.

Dieser Aufstrich eignet sich als Belag für Brot oder Pfannkuchen. Er kann aber auch in Joghurt eingerührt werden.

Haselträume

Die dünnen Zweige der Haselnuss sind gut biegsam und können für schöne Basteleien verwendet werden. Z. B. für einen Traumfänger.

Material:

- dünne Haselnusszweige
- Bindfäden
- Schere
- bunte Blätter, Perlen, Zapfen u. Ä.

So geht's:

Aus den Zweigen einen Ring formen.
Die kleineren Kinder werden wahrscheinlich Ihre Hilfe dafür benötigen. Mit einem Bindfaden fixieren. Dann können die Kinder nach Lust und Laune Bindfäden um den Traumfänger herumwickeln und ihn mit Naturmaterialien und Perlen verzieren.

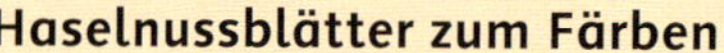

Schon gewusst?

Haselnussblätter zum Färben

Auch Haselnussblätter können zum Färben von Wolle verwendet werden. Sie ergeben einen Gelbton. Wie das gemacht wird, ist im Kapitel der Brennnessel zu lesen, auf → S. 39.

Nussige Martinsgänse

Plätzchen backen ist immer wieder ein Highlight in der Kita! Hier ein Rezept für Martinsgänse, die man gut miteinander teilen kann!

Zutaten:

- 140 g gemahlene Haselnüsse
- 80 g Zucker
- 3 Eigelb
- 20 g Dinkelmehl (plus etwas zum Ausrollen)
- 100 g Butter
- 1 Prise Salz
- ½ TL Zimt

Material:

- Waage, Schüssel, Rührlöffel, Nudelholz, Backblech, Backpapier, Ausstechform in Gänse- oder St. Martins-Form

So geht's:

1. Eigelbe mit Butter und Zucker gut verrühren. Alle weiteren Zutaten abwiegen und zur Ei-Masse geben.
2. Den Teig von den Kindern kneten lassen. Anschließend für ca. 30 Minuten in den Kühlschrank stellen.
3. Nun den Teig auf bemehlter Fläche ausrollen und mit dem Ausstechförmchen Gänse ausstechen. Die Gänse vorsichtig auf ein mit Backpapier ausgelegtes Blech legen.
4. Im Backofen bei 160°C für etwa zehn Minuten backen.

TIPP

Man kann vor dem Backen auch Schokoladenstreusel auf die Gänse streuen!

Wärmende Winternüsse

Zutaten:
- 100 g Zucker
- 200 g Haselnüsse
- 100 ml Rosenwasser, ersatzweise Wasser
- ½ TL Zimt
- etwas Mark einer Vanilleschote

Material:
- Waage/Messbecher, Topf, Rührlöffel, Backblech, Backpapier

So geht's:
Zucker, Nüsse, Zimt und Vanille in einem Topf erwärmen und leicht anrösten lassen. Das Rosenwasser hinzufügen. Der flüssige Zucker legt sich um die Nüsse und wird bröselig-fest. Dann fängt er an, zu karamellisieren. Nun die ummantelten Nüsse schnell, aber vorsichtig (sehr heiß!) auf Backpapier geben und abkühlen lassen.

TIPP
Das obige Rezept geht auch mit Mandeln, Walnüssen und Saaten wie Sonnenblumenkernen und Kürbiskernen.

Rinden-Reigen

Material:
- Papier und Wachsmalkreiden

So geht's:
Die Kinder können sich beim Spaziergang die Rinde der unterschiedlichen Bäume genauer ansehen und ertasten. Um ihre Erlebnisse mit in die Einrichtung zu nehmen, können sie ein Blatt Papier an die Rinde legen und mit der Wachsmalkreide die Oberfläche der Rinde abreiben. So bleibt die Struktur der Rinde auf dem Papier erhalten.

TIPP
Sehr schön ist es auch, wenn man die Blätter von Bäumen und anderen Pflanzen auf diese Weise auf das Papier überträgt. Dafür am besten die Blattrückseite verwenden, da hier die Blattadern meist deutlicher zu sehen sind. Die gepausten Blätter ausgeschnitten und laminiert, sind eine tolle Herbstdekoration für Fenster!

Marlenes Knusper-Müsli

Für ein gesundes Frühstück

Zutaten:

- 80 g Haselnüsse
- 30 g Sesam
- 50 g Kokosraspeln
- 20 g zarte Haferflocken
- 200 g kernige Haferflocken
- 125 ml Sonnenblumenöl
- 4 EL Honig
- 1 Bio-Orange, abgeriebene Schale
- Mark einer Vanilleschote
- 1 TL Zimt
- 2 Prisen Salz
- 100 g Mandelblättchen
- 30 g Kürbiskerne
- 250 g Trockenfrüchte (Hagebuttenschalen, Kirschen, Äpfel, Cranberrys, Rosinen, Aprikosen, Pflaumen …)

Material:

- Topf, Waage, Messer, Brettchen, Backblech, Backpapier

So geht's:

1. Die Gewürze, den Honig und die Orangenschale mit dem Öl in einen Topf geben. Auf dem Herd erhitzen und die Saaten, Nüsse und Flocken (Ausnahme: Mandelblättchen und Kürbiskerne) zugeben.
2. Die Masse auf einem mit Backpapier belegten Backblech verstreichen. Im vorgeheizten Backofen bei 160°C für 25 Minuten backen. Anschließend abkühlen lassen.
3. Die Trockenfrüchte klein schneiden. Nun die Mischung zerbröseln und mit den Trockenfrüchten sowie den Mandelblättchen und Kürbiskernen vermischen und luftdicht verpackt aufbewahren.

Naturzahnbürste und Zahncreme

Die Haselnuss ist ungiftig. Man kann aus ihren Zweigen ganz einfach eine „Notfall-Zahnbürste“ herstellen.

Material:

- dünne (zahnbürstendicke) Haselnusszweige
- saubere, handgroße Steine
- feste Unterlage
- Gartenschere

So geht's:

Die Erwachsenen schneiden mit der Gartenschere die Haselnusszweige in Stücke. Die Zweige sollten dabei ungefähr so lang sein wie eine Zahnbürste. Dann können die Kinder an einem Ende das Holzstück mit den Steinen so lange weich klopfen, bis an dem Stück die Rinde abgeknibbelt werden kann und es im Mund nicht unangenehm ist: Fertig ist die Zahnbürste!

Nun zur Zahncreme:

Material:

- 1,5 TL Kokosöl (Zimmertemperatur)
- ½ TL Natron
- 1 Messerspitze Kurkuma-Pulver
- Xylitol oder Stevia nach Geschmack

So geht's:

Alle Zutaten in einer Schüssel verrühren. Die Paste muss nur in ein Glas gefüllt werden, dann ist sie fertig. Wer es nicht ölig im Mund mag, kann das Kokosöl weglassen und die Mischung als Zahnputzpulver (2 Prisen auf die feuchte Zahnbürste streuen) benutzen.

Blätterkrone

Material:

- dünne Haselnusszweige
- Bindfäden
- Schere
- bunte Blätter, Perlen, Zapfen etc.

So geht's:

Aus den Zweigen einen Ring formen. Die kleineren Kinder werden wahrscheinlich Ihre Hilfe dafür benötigen. Mit einem Bindfaden fixieren. Dann können die Kinder nach Herzenslust Blätter in den Rand stecken und die Krone mit Naturmaterialien und Perlen verzieren.

TIPP

Wenn man den Haselzweig nicht zu einem Ring verbindet, kann man mit den Kindern auch wunderbare Zauberstäbe oder Erzählstäbe basteln. Mit Bindfäden und Naturmaterialien entstehen echte Unikate!

DEZEMBER

Die Hagebutte

Im Dezember gibt es nicht mehr viel Frisches zu sammeln, aber nun beschäftigen wir uns mit der Hagebutte, wir

- lesen das **Märchen** von Dornröschen,
- stellen Rosalies **Rosenpesto** her,
- basteln **Weihnachtssterne,**
- kochen Opa Heinrichs **Hiffenmus** ein,
- basteln eine **Perlenkette** aus Hagebutten,
- singen vom **Dornröschen** hinter der Hagebuttenhecke,
- basteln **Weihnachtsgläser,**
- mixen Heidis leckeren **Hagebuttentee** zusammen,
- stellen **rote Farbe** selber her,
- machen uns ein schnelles **Hagebutteneis,** wenn es schneit,
- singen ein **Rätsellied** und
- backen Wandas wunderbare **Winterplätzchen.**

So heißt die Pflanze

Hagebutte ✿ *(Rosa canina)*

Man nennt sie noch

Hundsrose, Hiffe, Hagrose oder Heckenrose

Sie gehört zu der Familie

Rosengewächse *(Rosacea)*

So sieht sie aus

Die Hundsrose hat einen aufrechten Wuchs und kann ungefähr 1,5 m hoch werden. Ihre Stacheln können gerade oder gebogen sein. Ihr Blatt ist aus Einzelblättchen zusammengesetzt. Ihre Blüten sind hellrosa und haben wie fast alle Rosengewächse fünf Blütenblätter. Die Früchte werden im Herbst rot, manche auch schwarz.

Hier kann man sie finden

Die Heckenrose wächst, wie der Name schon sagt, gern in Gebüschen und Wildhecken, an Waldrändern, in Gärten und Gehölzen.

Das wird gesammelt

Gesammelt werden die Blüten und Früchte (Hagebutten). Wenn man nur die Blütenblätter benötigt, pflückt man bitte nur diese und lässt den Rest der Blüte als Nahrung für Insekten stehen. Ein schöner Gedanke beim Ernten ist, dass nur die Früchte, an die man problemlos herankommt, für uns Menschen sind, die anderen, weiter oben am Strauch aber den Tieren gehören. Sie freuen sich insbesondere im Winter über die Früchte, die ihnen helfen, diese kalte Jahreszeit zu überstehen. Die Blütenblätter und Hagebutten aller Rosen können verwendet werden, nicht nur die der Hundsrose.

Dann wird gesammelt

Die Blüten von Mai bis August, die Früchte von September bis Dezember, gern erst nach dem ersten Frost sammeln. Es sei denn, man möchte die Hagebutten für den Tee trocknen, dann bitte die noch harten Früchte nehmen.

! Verwechslungsgefahr

Eventuell kann man die Hundsrose mit anderen Rosen oder Rosengewächsen verwechseln, was aber nicht weiter schlimm ist, da alle Rosengewächse essbar sind.

Dornröschen

Rosen haben, streng genommen, keine Dornen, sondern Stacheln – botanisch gesehen. Dornen sind Auswüchse aus dem Stängel oder Holz heraus, die aus demselben Material wie der Stängel bestehen wie z. B. beim Weißdorn *(Crataegus monogyna)*. Stacheln dagegen sind „nur" auf den Stängel aufgesetzt und können einzeln vollständig vom Stängel abgelöst werden.

Material:

- das Märchen von Dornröschen
- ein Stängel eines Rosengewächses mit sichtbaren Stacheln

So geht's:

Setzen Sie sich mit den Kindern in einen Kreis, zeigen Sie ihnen die Pflanze und erklären Sie, dass die Dornen eigentlich Stacheln heißen. Fragen Sie sie, ob sie ein Märchen kennen, in dem es um diese „dornige" Pflanze geht, und lesen Sie anschließend das Märchen von Dornröschen vor.

Rosalies Rosenpesto

Zutaten:

- 50 g Rosenblütenblätter (im Sommer frisch, sonst getrocknet)
- 100 g gemahlene Mandeln
- 50 g Zucker
- Mark einer Vanilleschote
- Schale und Saft einer Bio-Zitrone
- ggf. etwas Wasser

Material:

- Waage, Schale, Mixer, Reibe, Saftpresse, Etiketten, Stift

So geht's:

1. Alle Zutaten in einem Mixer fein zerkleinern und in Gläser füllen.
2. Bei der Verwendung getrockneter Rosenblütenblätter zusätzlich etwas Wasser hinzufügen, bis eine pastöse, streichfähige Masse entsteht. Das Etikett nicht vergessen.

Es schmeckt köstlich im Sahnequark, auf Brot, in einer Blütenbowle oder im Obstsalat. Durch das Fehlen von Salz und Öl hält sich das Pesto leider nur ca. eine Woche im Kühlschrank.

Erste-Hilfe-Tipp

Rosenblüten helfen als Erste-Hilfe-Mittel bei Wunden, Kratzern und leichten Verbrennungen, wenn man die Blütenblätter zerreibt (besser noch zerkaut) und sie auf die entsprechende Stelle legt. Zudem hat die Rosenblüte eine entzündungshemmende, abschwellende und schmerzlindernde Wirkung.

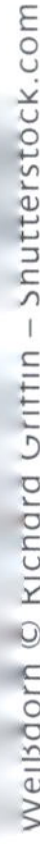

Weihnachtssterne

Material:

- dünne, ca. bleistiftdicke Zweige
- Bindfäden
- Gartenschere
- Naturmaterialien wie Hagebutten, Blätter, etc. zum Verzieren, wenn gewünscht

So geht's:

Die Erwachsenen schneiden mit der Gartenschere die Haselnusszweige in Stücke. Die Zweige sollten dabei ungefähr so lang sein wie ein Bleistift. Nun legen die Kinder aus jeweils drei Stöckchen ein Dreieck. Dieses wird an den Enden jeweils mit einem Bindfaden zusammengebunden. Aus zwei Dreiecken, die man übereinanderlegt, entsteht ein Stern, der an zwei Berührungspunkten wiederum mit Bindfäden zusammengebunden wird.

Opa Heinrichs Hiffenmus

Zutaten:

- 500 g Hagebutten
- 300 g Honig
- 1 EL Zitronensaft
- 150 ml Wasser

Material:

- Topf, Rührlöffel, Waage, Sieb oder Flotte Lotte, kleine Gläser mit Deckel, Etiketten, Stift

So geht's:

Die Hagebutten abwiegen und im Wasser leicht köcheln lassen, bis sie weich sind.
Die Masse durch ein Sieb streichen oder mithilfe der Flotten Lotte von den Kernen befreien. Das entstandene Hagebuttenmark mit Honig und Zitronensaft nochmals aufkochen und noch heiß in kleine Gläser füllen. Dieses Mus kann direkt als Brotaufstrich oder für weitere Rezepte verwendet werden.

TIPP

Die Kerne der Hagebutte bitte aufheben, denn sie können als Einzeltee (schmeckt nach Vanille) selbst oder noch als Vogelfutter verwendet werden.

Angelikas Perlenkette

Material:

- Hagebutten
- Eicheln
- Saaten
- Brettchen
- Prickelnadel
- dünner Bindfaden oder Nadel und Faden für größere Kinder
- Draht und Drahtzange

So geht's:

Für eine Hagebuttenkette nimmt man lieber Hagebutten vor dem Frost oder Hagebutten, die noch hart sind. So halten sie länger. Andere Perlen können aus Eicheln, Kürbiskernen, Sonnenblumenkernen mit Schale, Erdnüssen oder anderem Naturmaterial bestehen.

Mit Nadel und Faden oder einer Prickelnadel und einem Brettchen darunter oder Draht sticht man durch die Hagebutten und fädelt sie in einer Reihe auf. Am Schluss die beiden Fadenenden verknoten. Fertig ist die Kette.

TIPP

Wenn man die Kette nicht mehr tragen möchte, freuen sich die Vögel draußen im Winter über die Perlen zum Naschen.

Dornröschen war ein schönes Kind

Das bekannte Singspiel ist eine gemeinsame Aktion, die viel zu selten noch in Einrichtungen mit Kindern gemacht wird. Es ist ein wunder-

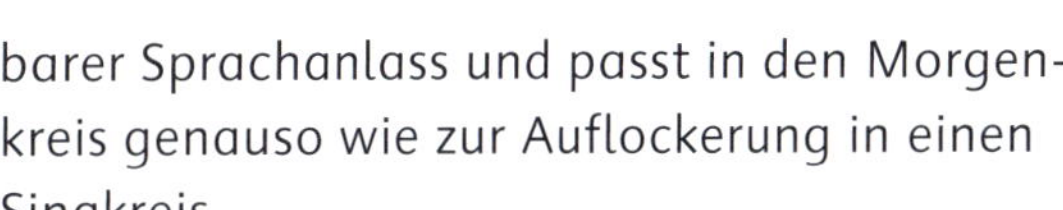

barer Sprachanlass und passt in den Morgenkreis genauso wie zur Auflockerung in einen Singkreis.

So geht's:

Dornröschen war ein schönes Kind, schönes Kind, schönes Kind.	**Kinder im Kreis, Dornröschen in der Mitte.**
Dornröschen, nimm dich ja in acht …	**Die Kinder im Kreis warnen mit dem Zeigefinger.**
Da kam die böse Fee herein …	**Böse Fee geht in die Mitte.**
Dornröschen, schlafe hundert Jahr …	**Dornröschen legt sich hin.**
Da wuchs die Hecke riesengroß …	**Kinder halten um Dornröschen herum die Arme hoch.**
Da kam ein junger Königssohn …	**Prinz geht zu Dornröschen, Hecke löst sich auf.**
Dornröschen, wache wieder auf …	**Prinz gibt Dornröschen einen Kuss.**
Da feierten sie das Hochzeitsfest …	**Prinz und Dornröschen tanzen miteinander.**
Da jubelte das ganze Volk …	**Alle Kinder im Kreis tanzen.**

Weihnachtsgläser

Material:
- Haselnusszweige
- Bindfäden
- Gartenschere
- Naturmaterialien wie Hagebutten, Blätter, Samenstände von Pflanzen

So geht's:
Die Erwachsenen schneiden mit der Gartenschere die Haselnusszweige in Stücke, die Zweige sollten dabei ungefähr so lang sein wie ein Bleistift, je nach Glasgröße.
Wenn man die Haselzweigstücke und Naturmaterialien zunächst mit einem Gummiband um ein leeres Marmeladenglas bindet, später dann mit Draht oder Bindfaden dieses beim Umwickeln abdeckt, kann man wunderbare Windlichter basteln. Am einfachsten ist es, zuerst die Zweige festzustecken und die Hagebutten und anderen Naturmaterialien anschließend daran zu befestigen. Mit goldfarbenem Draht und Naturmaterialien entstehen wunderbare Weihnachtsgeschenke! Einfach ein Teelicht hineinstellen.

Heidis Hagebuttentee

Sehr beliebt als warmer Tee im Winter und als kalter Eistee im Sommer ist der Hagebuttentee.

Zutaten:
- Hagebutten
- Wasser
- Honig

Material:
- Schale, Messer, Brettchen, kleine Löffel, Wasserkocher, Tassen/Gläser, Teekanne/Glaskaraffe

So geht's:
Für den Tee ist es gut, wenn man die festen Hagebutten sammelt und sie entkernt. Dann ausgebreitet trocknen lassen. Man kann aber auch die frischen, entkernten Hagebutten hierfür nehmen. Für den Tee selbst 1 EL Hagebutten mit 250 ml kochendem Wasser aufgießen und 15 Minuten ziehen lassen. Mit Honig süßen und entweder abkühlen lassen für Eistee (im Kühlschrank gut durchkühlen lassen und mit Eiswürfeln servieren) oder warm als Vitamin-Spender genießen.

Wenn man die getrockneten Hagebutten fein mahlt, kann man sie zum Süßen von Müsli oder Joghurt verwenden.

Rote Malfarbe

Material:
- Hagebutten
- Topf und Rührlöffel
- Messer, Brettchen und Sieb
- Pinsel und Papier

So geht's:
Hagebutten klein schneiden und im Topf mit wenig Wasser weich kochen. Durch ein Sieb streichen. Abkühlen lassen. Dann kann es mit dem Malen losgehen!

Schnelles Schnee-Hagebutten-Eis

Zutaten:
- 1 Handvoll frisch gefallener Neuschnee (Bitte darauf achten, dass dieser wirklich von einer unbedenklichen Stelle kommt und ganz sauber ist.)
- 2–3 TL Hagebuttenmarmelade

Material:
- Schüssel, Rührlöffel, Gläser/Schälchen

So geht's:
Beide Zutaten mit dem Löffel in der Schüssel schnell vermischen – fertig!

Das Hagebuttenlied

Ein bekanntes Kinderlied ist ein schönes Kinderrätsel, in dem es um die Hagebutte geht. Die Melodie, die man einfach im Internet finden kann, hat übrigens Hoffmann von Fallersleben geschrieben und gehört wie die Märchen zum europäischen Kulturgut.

Ein Männlein steht im Walde ganz still
und stumm.
Es hat von lauter Purpur ein Mäntlein um.
Sagt, wer mag das Männlein sein,
das da steht im Wald allein
mit dem purpurroten Mäntelein?

*

Das Männlein steht im Walde auf
einem Bein
und hat auf seinem Haupte schwarz'
Käpplein klein.
Sagt, wer mag das Männlein sein,
das da steht im Wald allein
mit dem kleinen, schwarzen Käppelein?

Material:
- Tuch
- verschiedene Naturmaterialien/Obst/Gemüse (Hagebutten – gern mit etwas vom Stiel daran, Tomaten, Apfel, Zapfen, Kastanien, Blätter …)

So geht's:
Die Kinder bilden einen Sitzkreis. Breiten Sie das Tuch in der Kreismitte aus und legen Sie die Materialien darauf aus. Singen Sie mit den Kindern das Lied. Wer kann erraten, was von den Dingen auf dem Tuch zu dem Lied passt?

Da die Melodie sehr einfach ist, kann man auch für die anderen Materialien spontan zusammen mit den Kindern eine Strophe erfinden oder ein Gedicht reimen. Ein wunderbarer Sprachanlass, um Reime in der Sprache zum Thema zu machen.

Wandas wunderbare Winterplätzchen

Zutaten:

- 250 g Mehl
- 100 g Zucker
- 2 TL Backpulver
- 125 g weiche Butter
- 1 Ei
- 4 EL gehackte Haselnüsse
- ½ TL Zimt
- 1 Prise Nelken und Kardamom, gemahlen
- etwas von Opa Heinrichs Hiffenmus (→ S. 98)

Material:

- Waage, Schüssel, Rührlöffel, Frischhaltefolie, Teelöffel, Backpapier, Backblech

So geht's:

1. Den Backofen auf 180°C vorheizen und die Backbleche mit Backpapier belegen.
2. Alle Zutaten – mit Ausnahme der Nüsse und des Hiffenmuses – zu einem Teig verkneten und zu einer großen Kugel formen. Diese in Frischhaltefolie oder einen Gefrierbeutel wickeln und für 30 Minuten im Kühlschrank oder draußen vor der Tür, wenn es kalt genug ist, ruhen lassen.
3. Anschließend in eine große Rolle (ca. 2 cm Ø) formen und immer 1 cm dicke Scheiben davon abschneiden. Diese Plätzchen in den gehackten Nüssen wälzen und mit dem Finger in der Mitte eine kleine Mulde drücken. In diese Mulde das Hiffenmus einfüllen.
4. Die Plätzchen auf das Backblech legen und ca. sieben Minuten backen lassen.

TIPP

Sollte man schon das ganze Hiffenmus aufgenascht haben, kann man gekaufte Hagebuttenmarmelade oder auch die „Beerige Brombeermarmelade" aus dem Oktober-Kapitel (→ S. 85) nehmen.

ANHANG

Sammelkalender

Kraut · Blüte · Frucht

Pflanze	Jan.	Feb.	Mrz.	Apr.	Mai	Juni	Juli	Aug.	Sep.	Okt.	Nov.	Dez.
Vogelmiere *Stellaria media*	Kraut	Kraut	Kraut, Blüte	Kraut, Blüte, Frucht	Kraut, Blüte, Frucht	Kraut, Blüte, Frucht	Kraut, Blüte, Frucht	Kraut, Blüte, Frucht	Kraut, Blüte, Frucht	Kraut, Blüte, Frucht	Kraut, Frucht	Kraut
Gänseblümchen *Bellis perennis*	Kraut, Blüte	Kraut, Blüte, Frucht	Kraut, Blüte, Frucht	Kraut, Blüte, Frucht	Kraut, Blüte, Frucht	Kraut, Blüte, Frucht	Kraut, Blüte, Frucht	Kraut, Blüte, Frucht	Kraut, Blüte, Frucht	Kraut, Blüte, Frucht	Kraut, Blüte, Frucht	Kraut, Frucht
Löwenzahn *Taraxacum officinale*		Kraut	Kraut	Kraut, Blüte	Kraut, Blüte, Frucht	Kraut, Blüte, Frucht	Kraut, Blüte, Frucht	Kraut, Blüte, Frucht	Kraut, Frucht	Kraut, Frucht	Kraut	
Brennnessel *Urtica dioica*			Kraut	Kraut	Kraut	Kraut, Blüte	Kraut, Blüte	Kraut, Blüte	Kraut, Blüte, Frucht	Kraut, Frucht		
Holunder *Sambucus nigra*				Kraut	Kraut, Blüte	Kraut, Blüte	Kraut	Kraut, Frucht	Kraut, Frucht	Kraut		
Johanniskraut *Hypericum perforatum*					Kraut	Kraut, Blüte	Kraut, Blüte	Kraut, Blüte	Kraut, Blüte	Kraut		
Spitzwegerich *Plantago lanceolata*			Kraut	Kraut, Blüte	Kraut, Blüte	Kraut, Blüte	Kraut, Blüte, Frucht	Kraut, Blüte, Frucht	Kraut, Blüte, Frucht	Kraut, Frucht	Kraut	
Schafgarbe *Achillea millefolium*	Kraut	Kraut	Kraut	Kraut	Kraut	Kraut, Blüte	Kraut, Blüte	Kraut, Blüte, Frucht	Kraut, Blüte, Frucht	Kraut, Blüte, Frucht	Kraut	Kraut
Rotklee *Trifolium pratense*				Kraut	Kraut	Kraut, Blüte	Kraut, Blüte	Kraut, Blüte, Frucht	Kraut, Blüte, Frucht	Kraut, Frucht		
Brombeere *Rubus fructicosus*	Kraut	Kraut	Kraut	Kraut	Kraut, Blüte	Kraut, Blüte	Kraut, Blüte	Kraut, Blüte, Frucht	Kraut, Frucht	Kraut, Frucht	Kraut	Kraut
Haselnuss *Corylus avellana*	Blüte	Blüte	Blüte	Kraut, Blüte	Kraut	Kraut	Kraut	Kraut, Frucht	Kraut, Frucht	Kraut, Frucht		Blüte
Hundsrose/ Hagebutte *Rosa canina*				Kraut	Kraut, Blüte	Kraut, Blüte	Kraut, Blüte	Kraut	Kraut, Frucht	Kraut, Frucht	Frucht	Frucht

© Verlag an der Ruhr | Autorin: Bettina Igelbrink | ISBN 978-3-8346-4520-3 | www.verlagruhr.de

Brombeere

Rubus fructicosus

Hagebutte

Rosa canina

Brombeere

Rubus fructicosus

Hagebutte

Rosa canina

Brennnessel

Urtica dioica

Gänseblümchen

Bellis perennis

Brennnessel

Urtica dioica

Gänseblümchen

Bellis perennis

Holunder
Sambucus nigra

Löwenzahn
Taraxacum officinale

Holunder
Sambucus nigra

Löwenzahn
Taraxacum officinale

Haselnuss
Corylus avellana

Johanniskraut
Hypericum perforatum

Haselnuss
Corylus avellana

Johanniskraut
Hypericum perforatum

Schafgarbe
Achillea millefolium

Vogelmiere
Stellaria media

Schafgarbe
Achillea millefolium

Vogelmiere
Stellaria media

Rotklee
Trifolium pratense

Spitzwegerich
Plantago lanceolata

Rotklee
Trifolium pratense

Spitzwegerich
Plantago lanceolata

Kräuterbücher mit Kräutergeschichten für Kinder

Kauer, J.; Kauer, D.: Kräuterhexe Thymiana beim Koboldkönig (mit duftenden Seiten!), KaleaBook: Hagedorn 2019. ISBN: 978-3-9523912-3-5

Rieger, A.; Dürr, G.: Chamomilla Eibisch, die kleine Kräuterhexe, G & G Verlagsgesellschaft: Wien 2012. ISBN: 978-3-7074-1089-1

Sturm, N.: Tatys kleine Kräuterfibel, Neissuferverlag: Görlitz 2018. ISBN: 978-3-9818700-0-8

Literatur

Bruckhardt, C.: Der Wildpflanzen Praxis-Coach – 100 Rezepte für Küche, Gesundheit, Haus & Garten, BLV Buchverlag: München 2016. ISBN: 978-3-8354-1496-9

Geißelbrecht-Taferner, L.: Die Kräuter-Detektive: Von Brennnessel bis Zitronenmelisse den Kinderkräutern auf der Spur – mit vielfältigen Experimenten, Spielen, Bastelaktionen … Ökotopia-Verlag: Münster 2010. ISBN: 978-3-86702-079-4

Grahofer, E.: Wildnisapotheke: Hausmittel aus 400 Jahren, Freya Verlag: Linz 2018. ISBN: 978-3-99025-332-8

Lins, I. T.: Kräuternest – Mit Kindern die Welt der Pflanzen erleben, Freya Verlag: Linz 2016. ISBN: 978-3-99025-268-0

Ruland, J.; Dengel, S.; Holzschuster, D.: Lecker kochen mit den Naturgeistern: Ideen und Rezepte rund ums Jahr, Schirner Verlag: Darmstadt 2015. ISBN: 978-3-8434-1221-6

Simeoni, S.: Wildes Naturhandwerk: Werken, Pflanzenwissen und Wildkräuterküche mit Kindern im Jahreskreis, AT Verlag: Aarau 2017. ISBN: 978-3-03800-959-7

Storl, W. D.: Die Unkräuter in meinem Garten: 21 Pflanzenpersönlichkeiten erkennen & nutzen, GU Verlag: München 2018. ISBN: 978-3-8338-6349-3

Storl, W. D.: Heilkräuter und Zauberpflanzen zwischen Haustür und Gartentor, Kräuterkunde und Rezepte, AT Verlag: Aarau 2018. ISBN: 978-3-03800-060-0

Stratmann, U.: Mein Stadt-Kräuter-Buch: Heilkräuter und Wildgemüse zwischen Hinterhof und Stadtpark, Kailsah Verlag: München 2016. ISBN: 978-3-424-63120-3

Stumpf, U.: Pflanzengöttinnen und ihre Heilkräuter: Naturkraft schöpfen, Heilwissen nutzen, Franckh Kosmos Verlag: Stuttgart 2017. ISBN: 978-3-440-15678-0

Stumpf, U.: Unsere Heilkräuter: bestimmen und anwenden, Franckh Kosmos Verlag: Stuttgart 2016. ISBN: 978-3-440-14980-5

Tanner, V.; Giannini-Studer, L.: Kinderwerkstatt Wildpflanzenküche – mit Kindern sammeln, kochen, die Natur erleben, AT Verlag: Aarau 2013. ISBN: 978-3-03800-569-8

Name: Vogelmiere	Komplexität	Rezept	Spiel	Bastelaktion	Naturerfahrung	Geschichte	Für unterwegs
Die Geschichte vom Sternen-Hochzeitskleid	★					X	
Gustatorische Reise	★		X		X		
Eismobile	★			X	X		
Der Wildkräutertrockner	★★			X			
Fixes Vogelmierenbrot	★★	X					
Seidenweiche Vogelmieren-Salbe oder Handcreme	★★	X					
Ei, ei, ei – Vogelmieren-Ei-Brottunke	★★	X					
Ein Hut, ein Stock, ein Kräutersammelkorb	★		X				

Name: Gänseblümchen	Komplexität	Rezept	Spiel	Bastelaktion	Naturerfahrung	Geschichte	Für unterwegs
Aua-Öl	★	X					
Blumiger Brotaufstrich	★	X					
Blühender Bellis-Honig	★	X					
Guter Gänseblümchenessig	★	X					
Fang das Gänseblümchen	★★		X				
Haarkranz aus Gänseblümchen	★★★			X	X		
Blumige Stempel	★			X	X		

© Verlag an der Ruhr | Autorin: Bettina Igelbrink | ISBN 978-3-8346-4520-3 | www.verlagruhr.de

Name Löwenzahn	Komplexität	Rezept	Spiel	Bastelaktion	Naturerfahrung	Geschichte	Für unterwegs
Tommi und der Löwenzahn	★					X	
Frühlingswach-Suppe: Neunkräutersuppe	★★★	X			X		
Lustige Löwenzahn-Tinte	★★			X			
Kräutersalz	★	X					
Löwenzahn-Wasserleitung	★★★			X	X		
Lieblicher Löwenzahnhonig	★★	X					
Löwenzahn-Trompete	★★			X	X		
Löwenzahn-Kringel und Strohhalm	★			X	X		

Name Brennnessel	Komplexität	Rezept	Spiel	Bastelaktion	Naturerfahrung	Geschichte	Für unterwegs
Knabber-Chips oder Brennnessel-Tempura	★★	X			X		
Power-Salz	★	X					
Wilde-Kraft-Elixier	★	X					
Schmetterlings-Zuhause	★★			X	X		
Wolle färben mit Brennnesseln	★★★			X			
Färben von Ostereiern, Pinselfarbe, Kinderschminke	★★ – ★★★			X	X		
Brennnesseldünger und Antiblattlausmittel	★★	X			X		
Schöne Schnüre drehen	★★			X	X		

★ leicht ★★ mittel ★★★ aufwändig

Name Schwarzer Holunder	Komplexität	Rezept	Spiel	Bastelaktion	Naturerfahrung	Geschichte	Für unterwegs
Märchen von Frau Holle	★					X	
Musik-Mariechen	★		X				
Waldzwerg-Perlenkette	★★			X	X		
(Fantasie-)Reise ins Land der Elfen	★ – ★★					X	
Frau Holles Frühstück	★★ – ★★★	X					
Elfentrank – Hollerlimonade	★	X					
Waldzwerg-Stifte	★★★			X	X		
Grundrezept Holunderbeerensaft	★★	X					
Frau Holles Märchentinte	★			X	X		

Name Johanniskraut	Komplexität	Rezept	Spiel	Bastelaktion	Naturerfahrung	Geschichte	Für unterwegs
Der Teufel und das Sonnenkraut	★					X	
Gute-Laune-Rotöl	★	X			X		
Marlenes Feenzucker	★	X					
Sonnige Johanniskrautseife	★ – ★★	X			X		
Unkraut-Blüten-Butter	★	X					
Zauberfarbe: Aus gelb wird rot!	★			X			
Blüten-Sommersonnenwend-Bowle	★	X			X		
Wer hat Angst vor der Kräuterhexe?	★ – ★★		X				

Name Spitzwegerich	Komplexität	Rezept	Spiel	Bastelaktion	Naturerfahrung	Geschichte	Für unterwegs
Merle und der König des Weges	★					X	
Wegerich-Wettlauf	★★ – ★★★				X		
Wegerich-Wunder-Wundenspray	★★	X					
Gold der Hustenzwerge – Hustensirup aus der Erde	★★	X			X		
Simones Spitzwegerich-Bonbons	★★	X					
Grün-gelber Kuchen	★★	X					
Denkt euch nur der Frosch ist krank!	★		X				
Kleines Experiment: Spitzwegerich quellen lassen	★				X		

Name Schafgarbe	Komplexität	Rezept	Spiel	Bastelaktion	Naturerfahrung	Geschichte	Für unterwegs
Wie der Schäfer zum König wurde	★					X	
Ich seh das Kraut, das du nicht siehst	★★		X		X		
Sonjas Sonnensalsa – wilde Kräutercreme	★★	X					
Fruchtige Flaschentomaten	★★	X					
Krümelige Käse-Kräuter-Kekse	★★	X					
Lieblicher Lippenbalsam	★★	X					

★ leicht ★★ mittel ★★★ aufwändig

Name **Rotklee**	Komplexität	Rezept	Spiel	Bastelaktion	Naturerfahrung	Geschichte	Für unterwegs
Die Geschichte vom kleinen Klee	★					X	
Zwergenkleebrot	★★	X			X		
Blütenkarten und Lesezeichen	★ – ★★			X	X		
Coole Kräutereiswürfel	★	X					
Kichernde Kinderschminke	★			X	X		
Elfenspeise	★	X					
Sommereinfangen mit Solarfärben	★★★			X	X		
Rotkleesprossen selbst ziehen	★	X			X		
Abkühlung nach Kneipp	★★				X		

Name **Brombeere**	Komplexität	Rezept	Spiel	Bastelaktion	Naturerfahrung	Geschichte	Für unterwegs
Das Märchen vom Brombeerzwerg	★					X	
Brummiger Brombeerkäsekuchen	★★	X					
Brombeerblau	★			X	X		
Brombeersaft für den Hexenpunsch zu Halloween	★★	X					
Beerige Brombeermarmelade	★★	X					
Blättersilhouette	★			X	X		X
Quirliger Brombeerquark mit Biss	★★	X					
Wurzels Waldbeertee	★	X					

© Verlag an der Ruhr | Autorin: Bettina Igelbrink | ISBN 978-3-8346-4520-3 | www.verlagruhr.de

Name **Haselnuss**	Komplexität	Rezept	Spiel	Bastelaktion	Naturerfahrung	Geschichte	Für unterwegs
Aschenputtel	★★					X	
Michaels Nusstraum	★★	X					
Haselträume	★			X	X		
Nussige Martinsgänse	★★	X					
Wärmende Winternüsse	★★	X					
Rinden-Reigen	★			X	X		X
Marlenes Knusper-Müsli	★★	X					
Naturzahnbürste und Zahncreme	★★ – ★★★	X		X	X		
Blätterkrone	★			X	X		X

Name **Hagebutte**	Komplexität	Rezept	Spiel	Bastelaktion	Naturerfahrung	Geschichte	Für unterwegs
Dornröschen	★				X		
Rosalies Rosenpesto	★★	X					
Weihnachtssterne	★★ – ★★★			X	X		
Opa Heinrichs Hiffenmus	★★★	X					
Angelikas Perlenkette	★ – ★★			X	X		
Dornröschen war ein schönes Kind	★ – ★★		X				
Weihnachtsgläser	★★			X	X		
Heidis Hagebuttentee	★★	X					
Rote Malfarbe	★			X			
Schnelles Schnee-Hagebutten-Eis	★	X			X		
Das Hagebuttenlied	★		X				
Wandas wunderbare Winterplätzchen	★★	X					

BEOBACHTUNGSBOGEN WILDPFLANZEN A

Name der Pflanze

....

Aussehen

Die Pflanze ist ein: ☐ Kraut ☐ Strauch ☐ Baum

Farbe

Farbe der Blätter: ....

Farbe der Blüte: ....

Farbe des Stängels/der Zweige: ....

Form

Form der Blätter: ....

Form der Blüten: ....

Besonderheiten

Die Pflanze: ☐ hat Stacheln/Dornen ☐ hat ein Muster auf den Blättern ☐ ist behaart

Geruch

So riechen die Blätter beim Zerreiben: ....

So riecht die Blüte: ....

Haptik

So fühlt sich die Pflanze an: ....

Geschmack

Wenn die Pflanze roh essbar ist **(vorher eine*n Erwachsene*n fragen!):**

Was ist essbar? ....

Wie schmeckt die Pflanze? ....

Lebensraum

Wo wächst sie? ....

Wie viel Sonne mag die Pflanze?: ☐ viel Sonne (sonnig) ☐ etwas Sonne (halbschattig) ☐ keine Sonne (schattig)

BEOBACHTUNGSBOGEN WILDPFLANZEN B (1/2)

Name der Pflanze

....

Aussehen

Die Pflanze ist:
- ☐ klein (ein Kraut)
- ☐ so groß wie ich (ein Strauch)
- ☐ riesengroß (ein Baum)

Farbe

Farbe der Blätter:

Farbe der Blüte:

Farbe des Stängels/der Zweige:

Form

Form der Blätter: ein großes Blatt

Besteht aus vielen kleinen Blättern (zusammengesetzt)

Form der Blüten:

Besonderheiten

Die Pflanze: ☐ hat Stacheln/Dornen ☐ hat ein Muster auf den Blättern ☐ ist behaart

Geruch

So riechen die Blätter beim Zerreiben:

- ☐ süß
- ☐ zitronig
- ☐ frisch
- ☐ unangenehm
- ☐ gar nicht

So riecht die Blüte:

- ☐ süß
- ☐ blumig
- ☐ zitronig
- ☐ frisch
- ☐ unangenehm
- ☐ gar nicht

Haptik

So fühlt sich die Pflanze an:

- ☐ weich
- ☐ flauschig
- ☐ rau
- ☐ stachelig
- ☐ kratzig
- ☐ fest

Geschmack

Wenn die Pflanze roh essbar ist **(vorher eine*n Erwachsene*n fragen!):**

Was ist essbar?

- ☐ Blatt
- ☐ Blüte
- ☐ Frucht

Wie schmeckt die Pflanze?

- ☐ süß
- ☐ zitronig
- ☐ frisch
- ☐ fruchtig
- ☐ sauer
- ☐ unangenehm
- ☐ bitter
- ☐ gar nicht

Lebensraum

Wo wächst sie?

- ☐ im Wald
- ☐ am Waldrand
- ☐ auf der Wiese
- ☐ im Garten/Park
- ☐ auf einer steinigen Fläche
- ☐ am Straßenrand
- ☐ am/auf einem Acker

Wie viel Sonne mag die Pflanze?:

- ☐ viel Sonne
- ☐ etwas Sonne
- ☐ keine Sonne

© Verlag an der Ruhr | Autorin: Bettina Igelbrink | ISBN 978-3-8346-4520-3 | www.verlagruhr.de

Name: .... **Datum:** ....

Was wir alles entdeckt und gefunden haben:

....

....

....

....

....

....

Das haben wir daraus gemacht:

....

....

....

....

....

....

Das habe ich erfahren:

....

....

....

....

....

....

Liebe Eltern,

wir möchten mit Ihren Kindern die Pflanzenwelt vor unserer Haustür erkunden.

Hierfür beschäftigen wir uns in nächster Zeit mit den Pflanzen in unserer direkten Umgebung einmal etwas intensiver.

Wir nehmen uns einzelne Pflanzen vor und erfahren diese mit allen Sinnen. Dazu gehört nicht nur das Sehen und Erkennen von Pflanzen, sondern auch das Fühlen, Riechen und Schmecken bestimmter Pflanzen.

Es kann somit vorkommen, dass Ihre Kinder in nächster Zeit vermehrt nach Namen von Pflanzen und ihrer Essbarkeit fragen werden. Lassen Sie bitte Ihre Kinder nur die Pflanzen probieren, die Sie zweifelsfrei als essbar erkennen! Eine wichtige Regel ist: Immer eine*n Erwachsene*n fragen, bevor man etwas in den Mund nimmt!

Auch kann es sein, dass Ihre Kinder bei Spaziergängen länger bei Pflanzen verweilen, weil sie sich diese genauer anschauen und entdecken wollen.

Da wir nun auch viel draußen in der Natur unterwegs sind, wären wir für dem Wetter entsprechende Kleidung der Kinder dankbar.

Auch ist es sinnvoll, nach dem Abholen bei den Kindern verstärkt nach möglichen Zecken Ausschau zu halten (gern Kniekehlen und Achselhöhlen). Diese Tiere benötigen ein paar Stunden, bis sie sich einen Platz gesucht haben, und sind in der Regel abends noch einfach abzusammeln, bevor sie sich festsetzen.

Vielen Dank!

© Verlag an der Ruhr | Autorin: Bettina Igelbrink | ISBN 978-3-8346-4520-3 | www.verlagruhr.de